Rugby

verständlich gemacht

W0173287

Claus-Peter Bach

Rugby
verständlich gemacht

COPRESS

Titelfoto: Bongarts
Abbildungen: dpa, Bernd Goecke, H & B Presse-Bild, Ulrich zur Nieden,
Privatarchiv des Autors

Produktion und Layout:
VerlagsService Dr. Helmut Neuberger & Karl Schaumann GmbH

Umschlaggestaltung: Uwe Richter
Lektorat: Robert Fischer

Hinweis: Der Fernsehsender **Sportkanal**
überträgt regelmäßig Rugby.

CIP-Titelaufnahme der Deutschen Bibliothek
Bach, Claus-Peter:
Rugby verständlich gemacht / Claus-Peter Bach. – München : Copress, 1992
ISBN 3-7679-0388-1

Herstellung: Bruckmann, München
Printed in Germany
ISBN 3-7679-0388-1

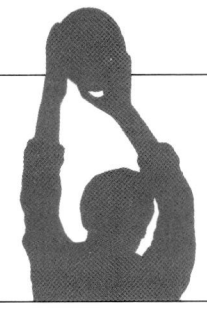

Inhalts-
verzeichnis

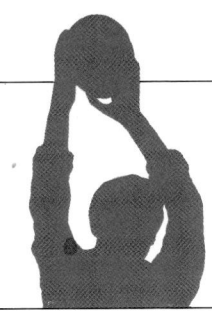

Vorwort

In Deutschland erfreut sich das Rugbyspiel, das hierzulande seit 120 Jahren in Vereinen gepflegt wird, immer größerer Beliebtheit. Besonders die Fernseh-Übertragungen von den Spielen der 2. Weltmeisterschaft in Großbritannien und Frankreich haben ein erfreuliches Interesse an dem schnellen Kampfspiel mit dem ovalen Ball geweckt.

Dieses Buch soll dem Interessierten ermöglichen, sich die wichtigsten Grundkenntnisse über die Regeln, die Technik und Taktik des Spiels, aber auch über die Geschichte des Rugbysports anzueignen. Es ist darüber hinaus die erste vollständige Darstellung des deutschen und internationalen Rugbysports in deutscher Sprache und soll deshalb auch dem Rugby-Kundigen als Handbuch und Nachschlagewerk dienen.

Bei den Recherchen zu diesem Buch haben mich Herr Heinz Balzer (Hannover), Herr Werner Behring (Hannover), Herr Peter Welsh (Berlin), Herr Josef Heibel (Pulheim) und Herr Professor Konrad Meister (Hannover) freundlicherweise unterstützt. Ihnen gilt mein herzlicher Dank.

Claus-Peter Bach

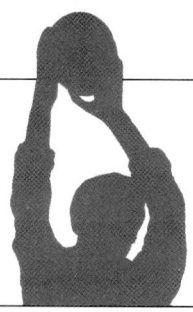

Was ist Rugby?

Rugby ist ein Sportspiel, das nach der mittelenglischen Schulstadt Rugby benannt ist, in der es im Jahre 1823 zum ersten Male gespielt wurde. Die klassische Form des Rugbyspiels ist das Fünfzehner-Rugby, bei der zwei Mannschaften mit je fünfzehn Spielern das Ziel haben, den ovalen Ball so oft wie möglich hinter die gegnerische Mallinie zu befördern, dort abzulegen und dadurch so viele Punkte wie möglich zu erzielen. Die Mannschaft, die im Laufe eines Spieles die meisten Punkte erzielt, ist das siegreiche Team.

Das Fünfzehner-Rugby, auch Rugby Football oder Rugby Union genannt, ist die von den beiden Weltverbänden, dem International Rugby Football Board (IRFB) und der Fédération Internationale de Rugby Amateur (FIRA), anerkannte Form des Rugbyspiels, in der sämtliche wichtigen internationalen Meisterschaften ausgetragen werden. Auch der Deutsche Rugby-Verband (DRV) verfolgt die Pflege und Verbreitung des Fünfzehner-Rugbys.

Sonderformen des Rugbyspiels sind das als Sommer- und Fitneßsport in allen Rugby spielenden Ländern besonders beliebte Siebener-Rugby, bei dem sieben Spieler pro Mannschaft nach den Regeln des Fünfzehner-Rugbys über das ganze Feld spielen, und das in den nordenglischen Industriestädten, in einigen Städten Südfrankreichs und in Nordaustralien verbreitete XIIIer-Rugby, auch Rugby League oder Jeu à XIII genannt.

Während die Spieler des Rugby Football den Amateur-Status haben, sind die Spieler des Rugby League und des in ganz Australien weitverbreiteten Australian Rules Rugby ausnahmslos Professionals.

Eine Abart des Rugby Football ist das in den Vereinigten Staaten von Amerika und Kanada zum Volkssport gewordene American Football, das sich durch seine Regeln und seine Erscheinungsform vom klassischen Rugby Football stark unterscheidet.

Die typischsten Eigenheiten des Rugbyspiels bestehen darin, daß der Ball nur nach hinten geworfen, aber nach vorne getragen oder getreten werden darf. Hierin unterscheidet sich das Rugbyspiel von allen anderen Ballspielen. Die wesentlichste Unterscheidung zum American Football liegt darin, daß beim Rugby nur der balltragende Spieler von den gegnerischen Spielern angegriffen, mit beiden Armen umfaßt und zu Boden gebracht werden darf. Alle Spieler, die nicht in Ballbesitz sind, dürfen nicht berührt werden.

Der Sinn des Rugbyspiels besteht darin, in hartem Wettstreit mit dem Gegner, aber unter strenger Befolgung der Spielregeln und unter unbedingter Wahrung der Gebote des Fair play den Sieg anzustreben, wobei unter keinen Umständen Beeinträchtigungen der Gesundheit eines Gegners oder der eigenen Gesundheit zugelassen werden dürfen.

Das Spielfeld

Gespielt wird nach den von der Regelkommission des International Rugby Football Board herausgegebenen Regeln, deren Wirksamkeit und Aktualität im Sinne der Gesundheit der Spieler und der Attraktivität des Spielgeschehens häufig von der Kommission überprüft werden, auf einem Rasenspielfeld von der Größe eines Fußballplatzes. Die Spielfläche umfaßt das Spielfeld (nicht mehr als 100 Meter lang und nicht mehr als 69 Meter breit) und die beiden Malfelder, die höchstens 22 Meter tief sein sollen. Malfeld- und Seitenauslinien gehören nicht zum Spielfeld. Auf beiden Mallinien stehen die Goalstangen, deren Pfosten 5,60 Meter voneinander entfernt sind. Die Latte wird in drei Metern Höhe angebracht.

Das Spielfeld wird gemäß dem auf der folgenden Seite abgebildeten Plan mit Sportplatzkreide abgezeichnet:

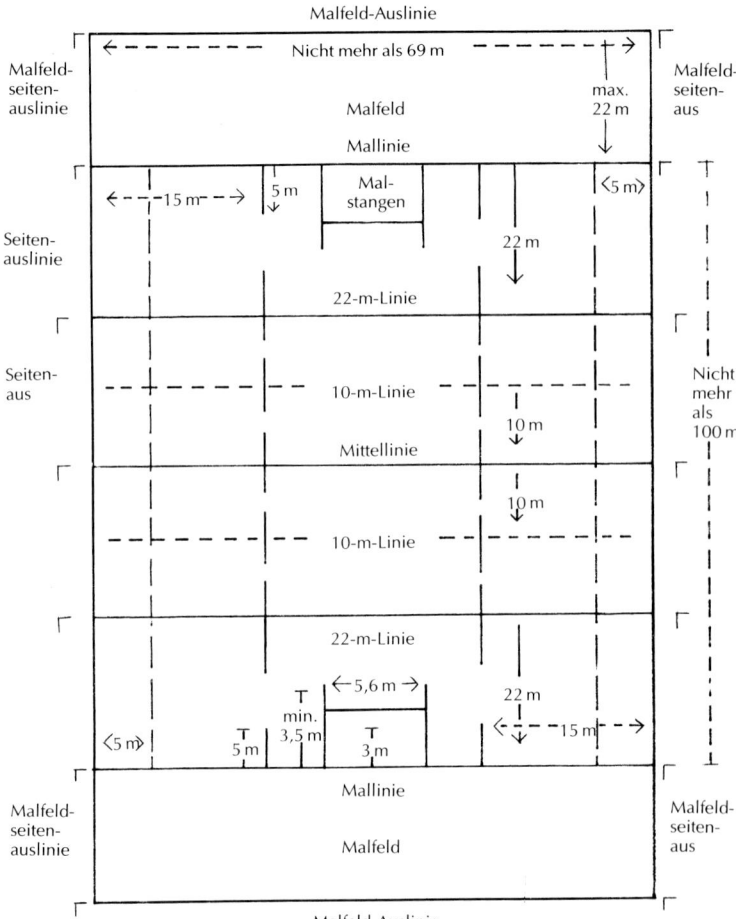

Das Spielfeld. Linien und gestrichelte Linien: Kreideabzeichnungen, gestrichelte Linien mit Pfeilen: Abstandsangaben, von Hand!: Markierungsstangen mit Flaggen.

Erläuterungen zum Plan des Sportplatzes:

⌐ bedeutet Stange mit Fahne, deren Minimalhöhe 1,20 Meter sein soll. Die durch _ _ _ _ _ dargestellten Linien geben einen Abstand von 10 Metern zur Mittellinie und von 5 Metern zur Seitenauslinie an.

Die durch __ __ __ dargestellten Linien sind 15 Meter von den Seitenauslinien entfernt. An den Mallinien erstrecken sie sich fünf Meter in das Spielfeld hinein.

Dieser offizielle Ball der ersten Rugby-Weltmeisterschaft 1987 und der Länderspiele des Deutschen Rugby-Verbandes ist aus Leder und mit wasserabweisendem, griffigem Plastik beschichtet.

Der Ball

Der Rugbyball soll oval sein; er besteht aus Leder, Kunststoff oder Gummi, darf nur vier Felder und soll die folgenden Maße haben:

Länge: 280–300 mm
Umfang der Länge: 760–790 mm
Umfang der Breite: 580–620 mm
Gewicht: 400–440 g
Luftdruck: 0,67–0,70 kg/cm^3

Für Spiele von Kindern und Jugendlichen sind Bälle geringerer Größe und geringeren Gewichtes gebräuchlich.

Spieldauer

Ein Rugbyspiel Erwachsener dauert 2mal 40 Minuten bei einer Erfrischungspause von fünf Minuten, während der die

Schiedsrichter Derek Bevan aus Wales zeigt den einzigen Versuch des Weltmeisterschaftsendspieles von 1991 durch den australischen Erste-Reihe-Stürmer Anthony Daly an.

Mannschaften das Spielfeld nicht verlassen dürfen. Die Behandlung verletzter Spieler soll nicht länger als eine Minute dauern. Die Zeit für Unterbrechungen, die länger als eine Minute dauern, soll am Ende der Halbzeit nachgespielt werden. Für Spiele von Kindern, Jugendlichen und Frauen hat der Deutsche Rugby-Verband Sonderbestimmungen für kürzere Spielzeiten erlassen. Spiele von zehn- bis zwölfjährigen Kindern dauern beispielsweise 2mal 10 Minuten.

Schiedsrichter, Seitenrichter

Jedes Rugbyspiel soll von einem vom Verband angesetzten Schiedsrichter geleitet werden, der alleiniger Zeitnehmer ist und die Punkte zählt.

Es ist vorgeschrieben, jedes Rugbyspiel dem Verband zu melden, damit Schiedsrichter eingeteilt werden können. Der Schiedsrichter wird unterstützt von zwei Seitenrichtern, die entweder auch Schiedsrichter oder – weit häufiger – Ersatzspieler oder Funktionäre der beiden beteiligten Mannschaften sein können.

Der Schiedsrichter entscheidet alleine über die Tatbestände und die Anwendung und Interpretation der Regeln und trifft Entscheidungen, die für alle Spieler bindend sind. Der Schiedsrichter darf eine einmal getroffene Entscheidung nur dann ändern, wenn er von einem Seitenrichter auf ein Foulspiel eines Spielers aufmerksam gemacht worden ist.

Der Schiedsrichter muß durch einen Pfiff mit der Trillerpfeife den Spielbeginn, die Halbzeit, den Wiederbeginn nach der Halbzeit, das Spielende, einen Erfolg oder ein Handauf anzeigen und ein Spiel wegen eines Regelverstoßes oder aus einem anderen regelgemäßen Grund unterbrechen.

Auch im Rugby gilt: Ein Schiedsrichter, dessen Entscheidungen von den Spielern anstandslos akzeptiert werden und den man ansonsten kaum wahrnimmt, ist meistens ein guter Schiedsrichter. Und: Ohne Schiedsrichter ist kein Rugbyspiel möglich.

Erfolge und Zählweise

Der Versuch

Vornehmstes Ziel einer Rugbymannschaft ist es, den Ball ins Malfeld des gegnerischen Teams zu tragen und dort niederzulegen. Dadurch wird ein Versuch (engl. try; frz. essai) erzielt, der der erfolgreichen Mannschaft vier Punkte einbringt. Es ist auch möglich, den Ball in das Malfeld zu treten und einen Versuch dadurch zu erzielen, daß der angreifende Spieler seine Hand auf den dort liegenden Ball legt, also Handauf macht. Versuche können nur im gegnerischen Malfeld erzielt werden.

Legt die verteidigende Mannschaft den Ball in ihrem eigenen Malfeld ab, so ist der Ball »tot«; das Spiel wird durch einen Pfiff des Schiedsrichters unterbrochen und dort fortgesetzt, wo es der Schiedsrichter anzeigt.

Im Hechtsprung erreicht Außendreiviertel Frank Gaa vom Heidelberger Turnverein das Malfeld und legt den Ball mit vorgestreckten Armen zum Versuch ab: vier Punkte.

Die Erhöhung

Wurde ein Versuch erzielt, so darf ein Spieler der erfolgreichen Mannschaft zur Belohnung versuchen, den Ball von einer Stelle des Spielfeldes, die auf einer Parallelen zur Seitenauslinie liegt und die Stelle des Versuches kreuzt, den Ball zwischen die Malstangen und über die Querlatte zu treten. Dies muß durch einen Platztritt oder Sprungtritt geschehen und bringt zwei weitere Zähler ein, wenn es gelingt. Einen solchen Kick nennt man Erhöhung (engl. conversion; frz. transformation). Um einen günstigen Trittwinkel zu erhalten, ist es also sinnvoll, den Versuch möglichst in der Nähe der Malstangen zu erzielen. Versuche hart an der Eckfahne haben schwierige Erhöhungstritte zur Folge.

Nach einem Versuch darf die erfolgreiche Mannschaft einen Erhöhungskick zu den Goalstangen treten (von der Stelle des Versuchs, auf einer Geraden parallel zur Seitenauslinie).

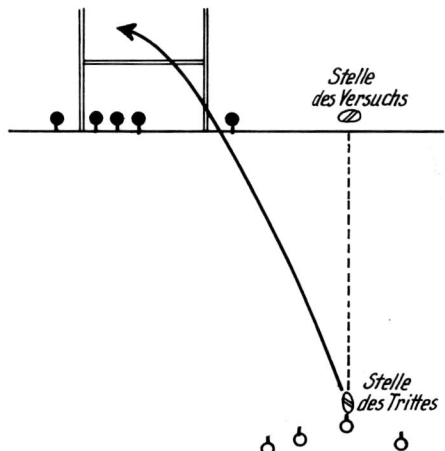

Stelle des Versuchs

Stelle des Trittes

Der Straftritt

Nach einem schwerwiegenden Regelverstoß (Abseits, wiederholtes oder absichtliches Spielen gegen die Vorschriften der Regel, Unterbinden des Spielflusses durch Regelverstöße), nach einem Foulspiel wie Treten oder Schlagen des Gegners, spätes oder gefährliches Tackling sowie bei schlechtem Benehmen verhängt der Schiedsrichter an der Stelle des Regelverstoßes einen Straftritt (engl. penalty; frz. but de pénalité) zugunsten der nichtschuldigen Mannschaft. Dieser Straftritt darf entweder zum Angriff oder zum Raumgewinn oder aber wie die Erhöhung zu einem Tritt zu den Malstangen genutzt werden. Hat eine Mannschaft damit Erfolg, werden ihr drei Punkte gutgeschrieben; woraus zu folgern ist, daß disziplinlose oder ständig gegen die Regeln spielende Mannschaften selten gewinnen können.

Der Sprungtritt

Von jeder Stelle des Spielfeldes und aus dem laufenden Spiel heraus darf jeder Spieler den Ball mit einem Sprungtritt (engl. drop goal; frz. drop) ins Goal treten, wobei der Ball dabei erst den Boden und dann den Fuß berühren muß. Ge-

Bei Erhöhungs- und Straftritten wird der Ball mit der Spitze auf den Boden gesetzt. Der Treter versucht den Ball zwischen die Malstangen und über die Querlatte zu treten.

lingt dieses schwierige und deshalb seltene Unterfangen, wird die erfolgreiche Mannschaft mit drei Punkten belohnt. Im Rugby zählen also
— der Versuch 4 Punkte,
— die Erhöhung 2 Punkte,
— der Straftritt 3 Punkte und
— der Sprungtritt 3 Punkte.
Das knappste Ergebnis im Rugby ist folglich das 3:0, bei Spielen zwischen sehr guten und sehr schwachen Teams ist das Resultat freilich nur durch die Spieldauer limitiert.

Die Mannschaft

Eine Rugbymannschaft besteht aus 15 Spielern (für Kinder, Jugendliche und Frauen gelten auch hier besondere Bestimmungen des Deutschen Rugby-Verbandes): acht Stürmern, zwei Halbspielern, vier Dreiviertelspielern und dem Schlußmann.

Während die Stürmer in früheren Zeiten vornehmlich für das Erobern des Balles und die Dreiviertelspieler für das darauf folgende Angriffsspiel zuständig waren, gilt heute eine derartige Aufgabenverteilung als antiquiert. Die athletischen und technischen Fertigkeiten aller Spieler sollen eine Taktik ermöglichen, bei der jeder Spieler gleichermaßen mit Angriffs- und Verteidigungsaufgaben belastet ist.

Natürlich erfordern die Aufgaben an die diversen Positionen innerhalb einer Mannschaft unterschiedliche konstitutionelle Voraussetzungen, so daß der verstaubte Satz, im Rugby hätten Große, Kleine, Dicke, Dünne, Schnelle und Langsame alle ihren Platz im Team, immer noch Gültigkeit besitzt. Aber es gilt eben auch: Ein schneller Dicker wird sicher häufiger aufgestellt als ein langsamer Dicker, weil Rugby ein Spiel ist, das besondere athletische Fähigkeiten erfordert.

Positionen und Aufgaben der Spieler

Die Pfeiler (engl. prop; frz. pilier) tragen die Rückennummern 1 und 3 und sind kräftige, untersetzte Spieler, die im Gedränge mit dem Hakler zusammen die erste Sturmreihe bilden sowie Gedränge, Gasse, offenes Gedränge und Paket stabilisieren und für die Eroberung hart umkämpfter Bälle – die Arbeit im Maschinenraum gewissermaßen – zuständig sind. Gute Pfeiler sind bis 1,85 Meter groß und dürfen zwischen 100 und 120 kg wiegen. Oft sind sie ausgesprochene Gemütsmenschen und die Stimmungskanonen in ihrer Mannschaft.

Der Hakler (engl. hooker; frz. talonneur) trägt die Rückennummer 2 und ist der mittlere Spieler der ersten Sturmreihe im Gedränge, in dem er die Aufgabe hat, den vom Gedrängehalb eingeworfenen Ball mit dem Fuß zur eigenen Mannschaft herüberzuhakeln. Oft erhalten Hakler die Zusatzaufgabe, den Ball in die Gasse einzuwerfen und bei Paketen oder offenen Gedrängen die kurze Angriffsseite des Gegners abzudecken. Beides verlangt ein schnelles Erfassen der Situation, weshalb Hakler in aller Regel intelligente Bürschlein sind.

Die Zweite-Reihe-Stürmer (engl. lock; frz. deuxième ligne) tragen die Rückennummern 4 und 5 und bilden — wie ihr Name verrät – die zweite Stürmerreihe im angeordneten Gedränge, in dem sie durch den Einsatz ihrer unbändigen Kraft für die Vorwärtsbewegung sorgen. Sie sollen die größten Spieler ihrer Mannschaft sein, mindestens 1,90 Meter messen und über 100 kg wiegen, weil ihnen die Eroberung des Balles beim Seiteneinwurf, der Gasse, obliegt. Zweite-Reihe-Stürmer sind oft auch hervorragende Basketballer.

Die Flügelstürmer (engl. flanker; frz. troisième ligne aile) sind an den Rückennummern 6 und 7 und daran zu erkennen, daß sie die besten Athleten ihres Teams mit unwahrscheinlicher Ausdauer und großer Kampfkraft sind. Sie sind die äußeren Spieler der dritten Sturmreihe, 1,90 Meter bis 2 Meter groß und sehr schnell, da ihnen besonders wichtige Aufgaben in der Verteidigung an allen Punkten des Spielfeldes, aber auch im Angriff als Unterstützungsspieler der Dreiviertel zukommen.

Die Nummer 8 (engl. No. 8; frz. troisième ligne centre) ist der mittlere Spieler der dritten Sturmreihe im angeordneten Gedränge, der Sturmführer und oft auch der Mannschaftska-

Vize-Weltmeister England: drei kleine, kräftige Erste-Reihe-Stürmer (1, 2, 3), zwei Zweite-Reihe-Hünen (4, 5), drei athletische Spieler der dritten Reihe (6, 7, 8). Gedrängehalb ist Richard Hill (9).

pitän. Er stabilisiert das Gedränge, wirkt als Fänger in der Gasse und besitzt aufgrund seiner außergewöhnlichen Konstitution (möglichst 2 Meter groß und über 100 kg schwer) und seines Spielverständnisses die Fähigkeit, den Rhythmus seiner Mannschaft zu bestimmen und zu entscheiden, wann mit welchem Spielzug angegriffen wird.

Der Gedrängehalb (engl. scrum-half; frz. demi de mêlée) trägt die Rückennummer 9 und ist eine weitere Schlüsselfigur einer Mannschaft an der Schaltstelle zwischen Sturm und Dreiviertelreihe. Der Gedrängehalb ist gemeinhin der kleinste und schmächtigste Spieler einer Fünfzehn und zeichnet sich bei oft nur 1,60 Meter Größe und 60 kg Gewicht durch besonders quicken Bewegungsablauf und fixes Erkennen von Situationen aus. Er muß besonders gut mit dem Ball umgehen und diesen etwa 30 Meter weit zielgenau passen können. Ein guter Gedrängehalb muß mit beiden Füßen gleich gut kicken können.

Der Verbindungshalb (engl. fly-half; frz. demi d'ouverture) trägt die begehrte Rückennummer 10 und ist der Spielmacher seines Teams als erster Spieler der Dreiviertelreihe. Er trifft alle spielstrategischen Entscheidungen, lenkt das Spiel mit Hand (durch Paßspiel) und Fuß (durch taktische, raumgreifende oder befreiende Kicks) und übernimmt aufgrund seines technischen Könnens oft auch Aufgaben als Spezialist bei Kicks zu den Goalstangen. Wie alle Dreiviertelspieler soll der Verbindungshalb die körperlichen Eigenschaften eines gut trainierten Fußballers oder Handballers haben.

Die Innendreiviertel (engl. centre; frz. centre) sind die mittleren Spieler der Dreiviertelreihe mit den Rückennummern 12 und 13, die für die Durchführung der Angriffszüge und die ersten Verteidigungsschritte bei Ballbesitz des Gegners gleichermaßen zuständig sind. Sie sollen sicher im Gebrauch des Balles, schnell und zuverlässig beim Tiefhalten sein.

Die Außendreiviertel (engl. wing; frz. ailier) sind die äußeren Spieler der Dreiviertelreihe mit den Rückennummern 11 und 14, die aufgrund ihrer Schnelligkeit und Wucht für die erfolgreiche Vollendung der Angriffe zuständig sind und im allgemeinen die meisten Versuche einer Mannschaft legen.

Der Schlußmann (engl. full back; frz. arrière) ist der letzte Mann seiner Mannschaft und trägt die Rückennummer 15. Seine Aufgabe liegt im Abfangen gegnerischer Kicks, im sicheren Bereinigen brenzliger Spielsituationen im eigenen Halbfeld und im Tackling durchgebrochener gegnerischer Spieler. Der Schlußspieler moderner Prägung ist jedoch nicht nur der Feuerwehrmann seiner Mannschaft, sondern hat auch entscheidende Aufgaben im Angriff; etwa als freier, mit nach vorne stürmender Spieler beim Dreiviertelangriff.

Die Spielkleidung

Rugbyspieler sind während des Spiels wie Fußballspieler gekleidet. Zu ihrer Ausrüstung gehört ein langärmliges Trikot, eine kurze Hose, die zweckmäßigerweise zwei Taschen ha-

Ein langarmiges Trikot, eine kurze Hose, kniehohe Stutzen und Fußballschuhe mit maximal 18 Millimeter langen Aluminiumstollen zählen zur Standardausrüstung eines Rugbyspielers.

ben soll, Stutzen und Fußballschuhe, deren Stollen aus Leder, Gummi, Aluminium oder Kunststoff bestehen müssen
und folgende Maße haben sollen:
Höchstlänge (von der Schuhsohle gemessen) 18 mm
Mindestdurchmesser der Spitze 10 mm
Das Tragen eines einzelnen Stollens an der Spitze des Fuß-
ballschuhs ist verboten. Zur Ausrüstung können ferner han-

delsübliche Schienbeinschützer, Ohrschützer oder Zahnschützer gehören. Verboten sind hingegen Schulter- und Hüftpolster sowie Helme, Gürtelschnallen und Ringe (Finger/Ohr).

Der Trainer

Der Trainer ist für die Festlegung der Spieltaktik, die körperliche, psychische und taktische Vorbereitung der Spieler auf den Wettkampf sowie für die Aufstellung der Mannschaft verantwortlich. Er hat aber, wie die Erfahrung zeigt, während des Spiels kaum noch Einflußmöglichkeiten auf das Spielgeschehen. Es wird allgemein als schlechter Stil betrachtet, wenn Trainer am Spielfeldrand auf und ab gehen und Anweisungen zu ihren Spielern brüllen. Bei Länderspielen war es schon immer Sitte, daß der Trainer neben anderen Verantwortlichen seines Teams auf der Tribüne Platz nimmt und still beobachtet, wie sich seine Fünfzehn auf dem Spielfeld verhält. In jedem Falle gilt: Eine gute Mannschaft benötigt während des Spiels keine Trainerhilfen mehr.

Der Kapitän

Um es mit Sepp Herberger zu sagen: Auch im Rugby ist der Kapitän der verlängerte Arm des Trainers. Er trifft alle wichtigen Entscheidungen während eines Spiels und tritt keineswegs nur bei der Platzwahl in Erscheinung. Der Kapitän ist verantwortlich für die Disziplin seines Teams, die Einhaltung der zuvor festgelegten Taktik, und er entscheidet im Einzelfall, ob beispielsweise ein vom Schiedsrichter verhängter Straftritt zu den Goalstangen getreten werden soll oder nicht. Er zeigt außerdem dem Trainer an, ob ein verletzter Spieler seines Teams ausgewechselt werden muß, was während eines Spiels dreimal möglich ist. Aus dem Spiel genommene Spieler dürfen im weiteren Fortgang der Partie übrigens nicht mehr eingewechselt werden. Das gilt freilich nicht, wenn Spieler kurz an der Seitenauslinie behandelt werden müssen.

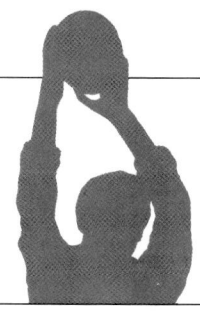

Die 10 Grund-
regeln des Spiels

Der Antritt

Jede Halbzeit eines Rugbyspiels beginnt mit dem Antritt. Dabei wird der Ball von einem Spieler jener Mannschaft, die sich bei der Platzwahl für den Antritt entschieden hat, mit der Spitze auf den Mittelpunkt der Mittellinie gesetzt und nach einem Pfiff des Schiedsrichters ins gegnerische Feld getreten. Sinnvollerweise wird der Antritt in der Regel vom Verbindungshalb der angreifenden Mannschaft ausgeführt, der ein guter Techniker und dazu in der Lage sein sollte, den Ball präzise dorthin zu treten, wohin ihn seine Mitspieler getreten haben wollen. In jedem Falle muß der Ball zehn Meter weit in die Hälfte der verteidigenden Mannschaft fliegen und die 10-Meter-Linie berühren oder überfliegen, bevor er von einem Spieler der angreifenden Mannschaft wieder berührt und gespielt werden darf. Der Ball darf bei einem Antritt nicht direkt ins Seitenaus oder über die Malfeldauslinie befördert werden.

Konsequenzen nach Regelverstößen: Fliegt der Ball weniger als zehn Meter weit und kann nicht von der verteidigenden Mannschaft zum Angriff genutzt werden (Vorteil), so wird das Spiel unterbrochen und auf Wunsch der verteidigenden Mannschaft mit einem Wiederholungskick oder einem Gedränge am Mittelpunkt der Mittellinie fortgesetzt, in das die verteidigende Mannschaft den Ball einwerfen darf. Sie werden wieder spielberechtigt, wenn sie sich hinter den Ball zurückbegeben oder von ihm überholt werden. Fliegt der Ball direkt ins Seitenaus, so darf die verteidigende Mannschaft zwischen einem Wiederholungstritt, einer Gasse auf

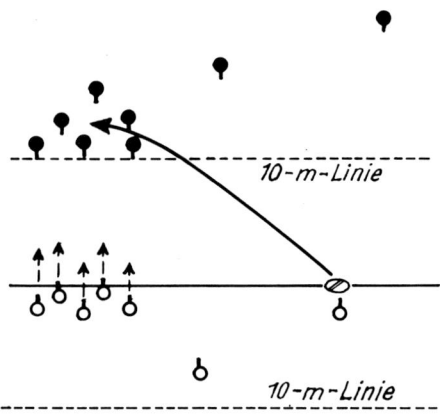

Beim Antritt muß der Ball zehn Meter weit in das Halbfeld der gegnerischen Mannschaft fliegen.

Höhe jener Stelle, an der der Ball die Seitenauslinie gekreuzt hat, oder einer Gasse auf Höhe der Mittellinie oder einem Gedränge am Mittelpunkt der Mittellinie wählen. Bei den Gassen oder dem Gedränge hat die verteidigende Mannschaft Einwurf. Fliegt der Ball direkt über die Malfeldauslinie, darf die verteidigende Mannschaft zwischen einem Wiederholungstritt oder einem Gedränge am Mittelpunkt der Mittellinie mit eigenem Einwurf wählen.

Diese Regelbestimmungen erfordern von den Spielern der angreifenden Mannschaft vom ersten Moment des Spieles an eine konzentrierte und präzise Spielweise, da technische Fehler sofort zum Verlust des Balles führen. Und bei allen taktischen Überlegungen muß immer bedacht werden, daß man beim Rugby nur Punkte erzielen kann, wenn man im Ballbesitz ist.

Beim Antritt, der von der verteidigenden Mannschaft auch nach einem erhöhten Versuch des Gegners als Platztritt und nach einem nicht erhöhten Versuch des Gegners als Sprungtritt – jeweils vom Mittelpunkt der Mittellinie – ausgeführt wird, werden zwei taktische Varianten bevorzugt: Entweder man tritt den Ball gerade zehn Meter weit schräg nach rechts oder links in die Laufrichtung der Stürmer der eigenen Mannschaft, um diesen die Möglichkeit zu geben, den Ball

Antritt: Der Tretende kickt den Ball zu seinen bereits anlaufenden Stürmern; der Schiedsrichter achtet darauf, daß kein Stürmer vor dem Ball ist, bevor der Tretende ihn berührt.

sofort wieder zu erobern (Ballbesitz!), oder der Verbindungshalb entschließt sich zu einem sogenannten weiten Antritt, der von der verteidigenden Mannschaft allenfalls zu einem Handauf im eigenen Malfeld oder zu einem Tritt ins Seitenaus genutzt werden kann.

In beiden Fällen ist die Chance der angreifenden Mannschaft, schnell wieder in Ballbesitz zu kommen, außerordentlich groß.

Entscheidet sich die verteidigende Mannschaft zu einem »Handauf« im eigenen Malfeld (weil die angreifende Mannschaft schnell herangelaufen ist und den Verteidigern keine andere Möglichkeit läßt), so ist der Ball »tot«, das Spiel wird unterbrochen und mit einem Sprungtritt der verteidigenden Mannschaft vom Mittelpunkt der 22-Meter-Linie fortgesetzt.

Man sieht: Nach einem weiten Antritt erhalten die Angreifer den Ball sofort wieder zugetreten und können ihren ersten Angriff starten.

Gelingt der verteidigenden Mannschaft nach einem weiten Antritt noch ein Kick ins Seitenaus, so wird das Spiel mit einer Gasse fortgesetzt, in die die angreifende Mannschaft einwerfen darf. Auch dabei ist sie sofort wieder in Ballbesitz. Ein überlegt und gut ausgeführter Antritt ist also oftmals die erste wichtige Aktion zu einem späteren Sieg, wohingegen ein schlechter Antritt sofort sämtliche taktischen Planspiele über den Haufen wirft. Gute Mannschaften verwenden deshalb viel Sorgfalt auf das Training dieser wegweisenden Standardsituation.

Vorwurf, Vorpaß und Vorfallen

Eine Charakteristik des Rugbyspiels ist es, daß der Ball nicht nach vorne, sondern nur nach hinten oder zur Seite gepaßt oder geworfen werden darf. Dabei sind die Schiedsrichter gehalten, »gleiche Höhe« als gültigen Paß anzuerkennen, damit der Fluß des Spiels nicht ständig unterbrochen wird.

Diese Regel macht es erforderlich, daß alle Spieler, die nicht im Ballbesitz sind, den Ball aber erhalten wollen, hinter dem Ballträger sein müssen. Alle Mitspieler, die sich vor dem Ballträger aufhalten, sind abseits und dürfen nichts ins Spielgeschehen eingreifen.

Ein Vorwurf geschieht immer dann, wenn der Ball aus den Händen eines Angreifers in Richtung der Mallinie der verteidigenden Mannschaft auf den Boden fällt, wenn der Ball den Arm oder die Hand eines Spielers berührt und »nach vorne« fällt oder wenn ein Spieler den Ball »nach vorne« wirft, paßt, schiebt oder schlägt.

Hieraus wird ersichtlich, daß Vorwürfe sowohl durch aktives Spielen mit dem Ball, aber auch beim Fangen des Balles oder beim Aufnehmen des Balles vom Boden passieren können, weshalb der ehemalige deutsche Nationalspieler Kuno Birk vom TSV Handschuhsheim, ein Techniker par excellence, seinen Schülern mit gutem Grund riet, »die Quetsch wie ein rohes Ei« zu behandeln. Nur durch stundenlanges Training (was in spielnaher Form außerordentlich viel Spaß bereiten kann) lassen sich regelgerechtes Passen und Fangen des ovalen Balles so gut erlernen, daß störende Vorwürfe weitgehend vermieden werden können.

Denn Vorwürfe haben Folgen: Geschieht ein Vorwurf, ein Vorpaß oder ein Vorfallen absichtlich – etwa aus Angst vor dem heranstürmenden Gegner oder um eine brenzlige Spielsituation zu bereinigen –, so wird die angreifende und damit schuldige Mannschaft durch einen Straftritt bestraft, den die verteidigende und damit unschuldige Mannschaft an der Stelle des Regelverstoßes ausführen darf.

Geschieht ein Vorwurf, Vorpaß oder Vorfallen hingegen ohne böse Absicht – was der Schiedsrichter leicht erkennen kann –, so wird der verteidigenden und damit nicht schuldigen Mannschaft ein Gedränge an der Stelle des Regelverstoßes zugesprochen, in das sie den Ball einwerfen darf. Sollte ein Vorwurf, Vorpaß oder Vorfallen innerhalb einer Gasse passieren, wird das Gedränge 15 Meter von der Seitenauslinie entfernt angeordnet.

Keine Regel ohne Ausnahme: Es ist kein Vorwurf, wenn ein Spieler in dem Bemühen, einen Kick eines gegnerischen Spielers mit den Händen abzufangen, angekickt wird und der Ball danach »nach vorne« fällt.

Das Gedränge

Das Gedränge ist die für das Rugbyspiel typischste Spielsituation. Wer an Rugby denkt, hat dabei unweigerlich die aus zumeist sechzehn Spielern bestehende große »Schildkröte« vor Augen, die langsam über den grünen Rasen kriecht, um sich wie auf ein unsichtbares Kommando in ein auseinanderstrebendes Menschengewimmel aufzulösen.

Das Gedränge, seinem Sinne nach eine Strafaktion, wird vom Schiedsrichter nach weniger schwerwiegenden Regelverstößen angeordnet, wobei stets jene Mannschaft den Einwurf zugesprochen bekommt, die den Regelverstoß und damit die für die Zuschauer oft ärgerliche kurze Spielunterbrechung nicht verursacht hat.

Am Gedränge müssen mindestens fünf Spieler – Stürmer! – jeder Mannschaft teilnehmen. So schreibt es die im offiziellen Regelbuch des Deutschen Rugby-Verbandes nicht weniger als acht Seiten umfassende, sehr spezifizierte Regel über das Gedränge vor. Doch üblicherweise nehmen alle acht Stürmer einer Mannschaft am Gedränge teil, so daß dabei acht Stürmer der angreifenden Mannschaft gegen acht Stürmer der verteidigenden Mannschaft antreten, um den Ball zu erobern.

Ein Gedränge wird formiert, indem drei Stürmer Seite an Seite aufgestellt und mit den Armen miteinander verbunden gegenüber drei Stürmern der gegnerischen Mannschaft Front machen, den Oberkörper nach vorne beugen, die gegnerischen Spieler mit den Schultern berühren und mit den freien Händen am Trikot packen und versuchen, sie durch Druck nach vorne wegzuschieben.

Hinter den drei Stürmern der ersten Sturmreihe formieren sich zwei Stürmer der zweiten Sturmreihe und drei Stürmer der dritten Sturmreihe, so daß der gesamte Sturm einer Mannschaft mit dem Gewicht von acht ausgewachsenen Männern (rund 800 Kilogramm) und der Kraft austrainierter Athleten Druck auf die Sturmreihe des Gegners ausübt, die natürlich nicht weniger schwer und kräftig ist. Und das alles, damit der mittlere Spieler der ersten Sturmreihe, welcher Hakler genannt wird, dabei Unterstützung findet, wenn er versucht, den vom Gedrängehalb der am Regelverstoß nicht schuldigen Mannschaft in den Tunnel zwischen beide erste Reihen geworfenen Ball mit seinen Füßen zur eigenen Mannschaft herüberzuhakeln.

Welch ein Aufwand an Kraft, Ausdauer, Technik, Taktik und Trainingszeit, um in den Besitz des Balles zu kommen! Aber ohne Ball läuft halt nichts im Rugby.

Außerdem macht es Spaß, am Gedränge teilzunehmen und seine überlegene Kraft und Technik unter Beweis zu stellen – alles nach den Vorschriften der Regel, die zwingend fordert:

– daß ein *Gedränge nur im Spielfeld,* nicht im Malfeld und *mindestens fünf Meter von der Seitenauslinie* entfernt stattfinden darf;

– daß die *Spieler der ersten Sturmreihe nicht gegeneinander*

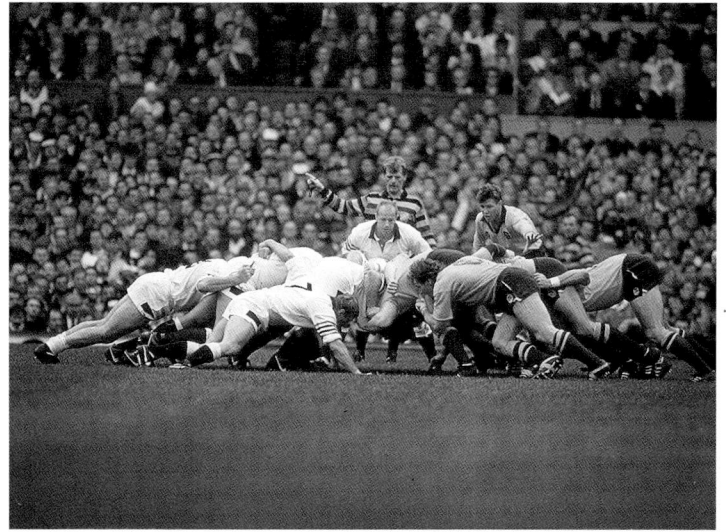

Gedränge: Mit Bärenkräften versuchen die beiden Sturmreihen, sich gegenseitig wegzuschieben. (Die Rasenflächen der Spielfelder werden dabei übrigens kaum in Mitleidenschaft gezogen.)

anrennen dürfen (was besonders viel Spaß macht, aber Wirbelsäulen-Spätschäden verursachen kann!), sondern behutsam aufeinander zugehen müssen und dann mit Köpfen und Schultern nicht tiefer als ihre Hüften gehen dürfen;

– daß der *Ball innerhalb eines Gedränges nur mit den Füßen gespielt* werden darf. Ausnahme: Das Gedränge wird über die Mallinie der verteidigenden Mannschaft geschoben, und ein am Gedränge teilnehmender Spieler erzielt durch Handauflegen einen Versuch;

– daß *Spieler, die am Gedränge teilnehmen,* das *Gedränge erst verlassen* dürfen, *wenn der Ball das Gedränge verlassen* hat. Ausnahme: Sie verlassen das Gedränge und bewegen sich sofort hinter den letzten Fuß des hintersten am Gedränge teilnehmenden Spielers zurück;

– daß ein *Gedränge nicht um mehr als neunzig Grad gedreht* werden darf;

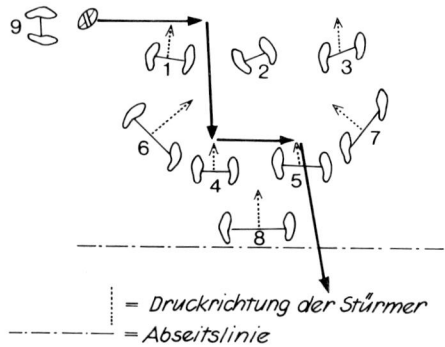

Fußstellung der Stürmer im Gedränge: Die gepunkteten Pfeile zeigen die Richtung, in der sie Druck ausüben, die durchgezogenen Pfeile zeigen den Weg des Balles vom Einwurf durch den Gedrängehalb bis zum Verlassen des Gedränges.

ⅰ = Druckrichtung der Stürmer

— · — · — = Abseitslinie

– daß *Spieler, die nicht am Gedränge teilnehmen, hinter dem letzten Fuß des hintersten am Gedränge teilnehmenden Spielers verharren* müssen, bis das Gedränge beendet ist;

– daß alle fiesen Tricks wie Kneifen, Zwicken oder Kitzeln von gegnerischen Stürmern, die wehrlos im Gedränge hängen, verboten sind.

Das Gedränge ist ein technisch sehr anspruchsvolles Spielgeschehen, das man zweckmäßigerweise zunächst an unbeweglichen oder leicht nachgebenden Gedrängemaschinen oder Gedrängeböcken, die im Fachhandel erhältlich sind, ohne großen Kraftaufwand trainiert, bis die Abläufe vom Einwerfen des Balles, über das Hakeln bis zum behutsamen Spielen des Balles aus dem Gedränge automatisiert sind. Erst dann sollte man das Gedränge gegen andere Spieler üben.

Da beim Gedränge die Stützmuskulatur stark beansprucht wird, nehmen beim Kinderrugby maximal drei Spieler/innen und beim Frauenrugby nur fünf Spielerinnen am Gedränge teil.

Regelverstöße, die während eines Gedränges passieren, werden – je nach ihrer Bedeutung – entweder mit Freitritt oder mit Straftritt geahndet, wobei man generell sagen kann, daß ein Freitritt ein Straftritt ist, den man nicht zu unmittelbarem Punktgewinn benutzen darf.

Nach Vorwürfen, unabsichtlichen Abseitsstellungen und – auf Wunsch der verteidigenden Mannschaft – nach einem

Diese Stürmer haben den am Boden liegenden Ball erobert, binden sich (wie im Gedränge) zusammen und versuchen, ihre Gegner wegzuschieben, um so den Ball frei und spielbar zu machen.

nicht weit genug geflogenen Antritt wird ein Gedränge verfügt; aber auch, wenn der Schiedsrichter aus Sorge um die Gesundheit der Spieler ein offenes Gedränge oder Paket abgepfiffen hat, das einzustürzen drohte. In letzterem Falle wird der Einwurf jener Mannschaft zugesprochen, die das offene Gedränge oder Paket zuletzt nach vorne bewegt hat.

Offenes Gedränge und Paket

Wie im Fußball, Handball oder Basketball gibt es auch während eines Rugbyspiels häufige Momente, in denen der Ball von beiden Mannschaften umkämpft ist oder in denen Spieler beider Mannschaften versuchen, einen freien Ball zu erobern.

Man spricht von einem *offenen Gedränge*, wenn der Ball auf dem Boden liegt und sich ein oder mehrere Spieler beider Mannschaften um ihn zusammengeschlossen haben und da-

Hier haben die Stürmer den Ball im offenen Spiel erobert. Sie halten sich (wie im Gedränge) fest zusammen und versuchen die Gegner wegzudrücken. Der Ball wird nicht am Boden abgelegt.

bei auf den Füßen stehen. Diese Spieler versuchen nun, durch Wegschieben der gegnerischen Spieler – wie bei einem angeordneten Gedränge – den Ball für ihre Mannschaft zu gewinnen. Tritt eine solche Spielsituation ein und der Ball liegt nicht auf dem Boden, sondern wird von einem oder mehreren Spielern in den Händen getragen, so handelt es sich um ein *Paket*.

Meistens sind es Stürmer, die sich im offenen Gedränge oder im Paket um den Ballgewinn bemühen und denen es streng verboten ist, diese Menschentraube absichtlich zusammenbrechen zu lassen; auf andere Spieler zu treten oder zu springen oder zu versuchen, Spieler aus dem offenen Gedränge oder dem Paket herauszuziehen. Im offenen Gedränge darf der Ball auch nicht mit der Hand gespielt werden; vielmehr müssen die daran beteiligten Spieler versuchen, den Ball wie im angeordneten Gedränge behutsam mit den Füßen nach hinten zu hakeln.

Verstöße gegen diese Bestimmungen, durch die die körperliche Unversehrtheit der Spieler geschützt wird, werden mit Straftritt und in besonders schweren Fällen mit Platzverweis bestraft. Leider neigen manche Schiedsrichter dazu, hier Gnade vor Recht ergehen zu lassen – meistens dieselben Unparteiischen, die andererseits jeden kleinen Vorwurf oder ähnlich ungefährliche Vergehen streng sühnen.

Auch beim offenen Gedränge und Paket, zwei ungeheuer dynamische Spielelemente, müssen die Spieler darauf achten, daß sie mit ihren Köpfen und Schultern nicht tiefer als mit ihren Hüften kommen (Strafe: Freitritt). Das ist auch deshalb von Bedeutung, weil schon Turnvater Ludwig Jahn erkannte, daß der Kopf die Bewegung steuert. Ist beim Druck im Gedränge, offenem Gedränge und Paket der Kopf also zu Boden gerichtet, so geht von der Krafteinwirkung auf den gegnerischen Spieler ein großer Teil verloren.

Das Tiefhalten und das Bodenspiel

Um einen Angriff zu stoppen, einen durchgelaufenen Angreifer einzuholen und damit einen Versuch zu verhindern, bedient man sich der Technik des *Fassens* oder *Tiefhaltens*. Dabei wird der Angreifer vom Verteidiger mit beiden Armen in Hüfthöhe umfaßt, mit der Schulter berührt und durch kräftiges Zupacken zu Boden gezogen. Dabei fallen beide Spieler zu Boden und bei richtiger Anwendung einer speziellen Technik sogar so, daß sie sich überhaupt nicht dabei wehtun.

In jedem Falle sollte der verteidigende Spieler darauf achten, daß er den Angreifer so umfaßt, daß sein Kopf beim Fallen auf dem Gesäß des Angreifers zu liegen kommt. Der fallende Angreifer sollte die Knie durchdrücken und den mit beiden Händen ausgestreckten Ball als »Landehilfe« benutzen. Dadurch fällt er, in seiner Geschwindigkeit durch das Umfassen ohnehin stark gebremst, ziemlich weich und kommt so zu liegen, daß der Ball auf der seiner Mannschaft zugewandten Körperseite frei wird.

Für die angreifende Mannschaft ist es nämlich von großer

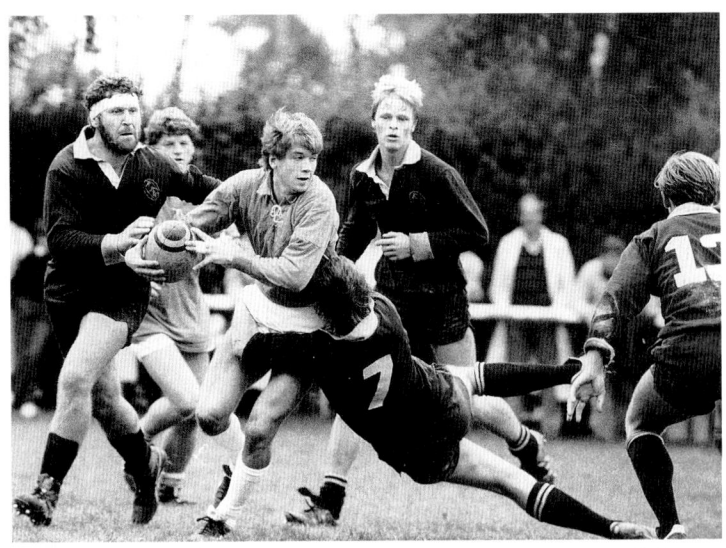

Nationalstürmer Eckart Wagner von der Rudergesellschaft Heidelberg stoppt Dietmar Kopp vom DSV von 1878 Hannover durch regelgerechtes Tiefhalten.

Bedeutung, daß der Ball nicht unter den beiden fallenden Spielern begraben wird, sondern sofort wieder aufgenommen und gespielt werden kann. Nur auf diese Weise entsteht ein schnelles, flüssiges und attraktives Angriffsspiel.

Um dieses zu gewährleisten, ist es streng verboten, den Ball am Boden zu spielen.

Ein gefaßter Spieler muß den Ball sofort passen oder den Ball loslassen und aufstehen oder sich vom Ball entfernen, heißt es im Originaltext der Regel, und jeder Schiedsrichter, der den beiden Mannschaften und den Zuschauern ein schönes Spiel garantieren möchte, ist gut beraten, sogenanntes Bodenspiel unnachgiebig mit Straftritt zu ahnden.

Spielern, die sich nach einem Tiefhalten um den Ball bemühen, ist es nicht gestattet, sich über den Ball zu werfen, um dem Gegner den Zugriff zu verwehren. Auch dürfen Spieler, die den freien Ball aufheben wollen, daran nicht gehindert werden.

Natürlich ist es für einen Schiedsrichter oft nicht ganz einfach zu durchschauen, ob ein Spieler absichtlich oder aufgrund eines plötzlichen Schwächeanfalls über den Ball gefallen ist. Aber ganz sicher können das jene Zuschauer, die nach einem Straftritt-Pfiff den Unparteiischen zum Telefon rufen wollen, noch viel weniger richtig entscheiden. Es ist auch hier wie im Fußball, wo ja nicht selten die Frage gestellt werden muß, ob der Fall eines Spielers aufgrund eines Fouls oder aufgrund einer »freiwilligen Flugentscheidung« hervorgerufen wurde.

Seitenaus und Gasse

Der Ball ist im *Seitenaus*, wenn er die Seitenauslinie oder den Boden, eine Person oder einen Gegenstand (Barriere, Zaun, Ersatzbank, Tribüne usw.) hinter der Linie berührt hat. Er ist auch dann im Seitenaus, wenn er von einem Spieler getragen wird, der die Seitenauslinie oder den Boden dahinter berührt.

In beiden Fällen wird das Spiel unterbrochen und mit einer Gasse fortgesetzt, die der Schiedsrichter dort anordnet, wo Ball oder Ballträger die Seitenauslinie berührt oder gekreuzt haben. Ausnahme: Wird der Ball von der verteidigenden Mannschaft von einer Stelle außerhalb ihres eigenen 22-Meter-Feldes direkt ins Seitenaus getreten, so wird die Gasse auf der Höhe der Stelle gebildet, an der der Kick erfolgte. Bei Kicks außerhalb des eigenen 22-Meter-Feldes muß der Ball also unbedingt noch den Boden oder einen gegnerischen Spieler berühren, bevor er ins Seitenaus geht; sonst kann mit diesem Tritt kein Raumgewinn erzielt werden.

Eine *Gasse* wird von mindestens zwei Spielern jeder Mannschaft gebildet, die sich in einfachen Reihen hintereinander aufstellen, und zwar parallel zur Gassenlinie und in Erwartung des Balles, der von einem Spieler jener Mannschaft, die den Ball nicht ins Seitenaus gespielt hat, zwischen beide Reihen geworfen wird.

Die einwerfende Mannschaft bestimmt die Höchstzahl der Spieler, die an der Gasse teilnehmen. Entscheidet sich die einwerfende Mannschaft dazu, nur ihre beiden größten Spieler in die Gasse zu nehmen, darf die verteidigende Mannschaft auch nur zwei Spieler aufbieten.

Bis der Ball eingeworfen wird – was sinnigerweise zu den größten Spielern etwa der zweiten Sturmreihe hin geschieht –, muß jeder Spieler wenigstens einen Meter Abstand vom nächsten Spieler seiner eigenen Mannschaft haben und körperlichen Kontakt mit jedem anderen Spieler vermeiden. Rangeleien vor dem Einwurf sind zwar beliebt, aber wenig klug, weil sie mit Straftritt »belohnt« werden.

Die Gasse wird zwischen der 5-Meter-Linie und der 15-Meter-Linie gebildet, woran zu errechnen ist, daß kaum mehr als sieben oder acht Spieler pro Mannschaft an der Gasse teilnehmen können. Den größten Spielern einer Mannschaft, den Stürmern mit den Nummern 4, 5 und 8, obliegt das Fangen des Balles, während die anderen Stürmer die Aufgabe haben, die Fänger gegen Angriffe des Gegners zu schützen und abzuschirmen.

Fänger nach oben zu wuchten, um ihnen die Eroberung des Balles zu erleichtern, ist ebenso verboten wie das Unterlaufen gegnerischer Fänger, die sich gerade in die Lüfte geschwungen haben.

Der Einwurf des Balles erfolgt – meistens durch den Hakler – an der Stelle, die der Schieds- oder Seitenrichter anzeigt und ohne Verzögerung oder Täuschen.

Ein schneller Einwurf (ohne zu warten, bis sich die Spieler zur Gasse formiert haben) ist dann erlaubt, wenn der Ball benutzt wird, der ins Seitenaus ging und dort nur von Spielern (nicht von Zuschauern oder dem Schiedsrichter) berührt wurde. Der Ball muß natürlich korrekt eingeworfen werden.

Eine Gasse beginnt mit dem Einwurf und endet, wenn ein Ballträger die Gasse verläßt, der Ball aus der Gasse gepaßt oder getreten wird, der Ball über die 15-Meter-Linie geworfen wird oder wenn ein offenes Gedränge oder Paket gebildet und so weit weggeschoben wird, daß alle Füße der daran beteiligten Stürmer die Gassenlinie überschritten haben.

Während einer Gasse müssen alle nicht daran beteiligten Spieler außer der Gedrängehalbs und des Haklers der nicht

Gasseneinwurf im FIRA-Meisterschaftsspiel zwischen Deutschland und Polen 1991 in Heidelberg (6:0): Obwohl die polnischen Erste-Reihe-Stürmer ihren Fänger optimal schützen, springt Harald Lecht vom SV Odin Hannover höher als alle und erobert den Ball.

Aufstellung der Stürmer in der Gasse: Der Hakler (2) wirft den Ball zu den Fängern (4, 5, 8), die anderen Stürmer (1, 3, 6, 7) schirmen die Fänger ab.

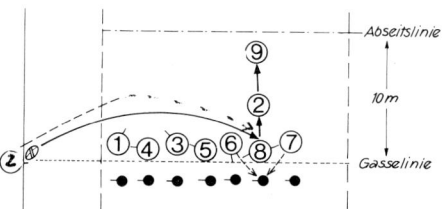

37

einwerfenden Mannschaft mindestens zehn Meter von der Gasse entfernt verweilen. Sie dürfen erst in das Spiel eingreifen, wenn die Gasse beendet ist. Tun sie es früher, so werden sie mit einem Straftritt an der Stelle des Verstoßes bestraft; was meistens besonders peinlich ist, weil solche Straftritte oft zu Gegenpunkten führen. Weitere Strafen an der Gasse: Bei zu kurzem (mindestens fünf Meter) oder schiefem Einwurf darf die daran nicht schuldige Mannschaft zwischen Gassenwiederholung bei eigenem Einwurf oder Gedränge bei eigenem Einwurf wählen.

Freitritte gibt es bei technischen Fehlern, Straftritte bei wiederholten technischen Fehlern oder allen Arten von Foulspiel.

Abseits

Wollte man lückenlos alle Möglichkeiten aufzählen, die es gibt, um im Rugbyspiel abseits zu sein, bräuchte man gewiß mehr Seiten, als dieses Buch umfaßt. Der Einfachheit halber und um des allgemeinen Verständnisses willen sei hier deshalb nur auf die Grundprinzipien der Regel 23 eingegangen: *Abseits* ist im Rugby *jeder Spieler, der sich vor dem Ball befindet.* Aber: *Nicht jede Abseitsstellung muß bestraft* werden. Ein Widerspruch? Nein. Denn zum einen läßt sich in vielen Fällen des Abseitsspiels die Vorteilsregel trefflich anwenden, und zum anderen haben abseits stehende Spieler vielfältige Möglichkeiten, sich wieder ins Spiel zu bringen, so daß sie für eine vorherige Abseitsstellung nicht bestraft werden müssen.

Die oben genannte Abseits-Faustregel gilt im offenen, fließenden Spiel, beim Gedränge, dem offenen Gedränge und Paket sowie bei der Gasse, wobei *genau zwischen absichtlichem und unabsichtlichem Abseits zu unterscheiden* wäre. Denn absichtliches Abseits wird mit Straftritt geahndet, während es nach einem unabsichtlichen Abseits »nur« ein Gedränge jeweils für die nicht schuldige Mannschaft gibt.

Beispiel 1: Einem Angreifer passiert ein Vorfallen. Ein vor ihm stehender Spieler seiner Mannschaft hebt den Ball auf.

Dieser Spieler ist absichtlich abseits, wenn er durch das Aufnehmen des Balles einen möglichen Angriff der gegnerischen Mannschaft verhindert. Er ist unabsichtlich abseits, wenn weit und breit kein gegnerischer Spieler zu sehen ist, der einen Gegenangriff beginnen könnte.

Beispiel 2: Der Schlußmann einer Mannschaft tritt den Ball nach vorne, wo ein Großteil seiner Mitspieler versammelt ist. Diese Spieler sind absichtlich abseits, wenn sie den Ball fangen, einen Gegner beim Fangen des Balles stören oder behindern oder sich nicht unverzüglich zehn Meter von der Stelle wegbewegen, an der der Ball landen wird. Tun sie dies aber und ermöglichen sie es dem Gegner, einen Angriff zu starten, sind sie unabsichtlich abseits und müssen nicht bestraft werden.

Beispiel 3: Ein Flügelstürmer löst sich vom angeordneten oder offenen Gedränge oder vom Paket, in dem sich der Ball befindet, und bewegt sich nicht hinter den letzten Fuß dieses Gebildes zurück. Er ist absichtlich abseits, wenn er ins Spielgeschehen eingreift oder den Gegner beim Aufbau eines Angriffes stört. Erkennt er jedoch seine Schuld und zieht sich mit dem Ausdruck des Bedauerns unverzüglich zurück, so daß der Gegner ungestört angreifen kann, so muß er nicht bestraft werden.

Im offenen Spiel kann ein abseits stehender Spieler im übrigen dadurch von seiner Schuld erlöst werden, wenn er von einem nicht im Abseits stehenden Spieler überlaufen wird. Für die Taktik heißt das: Jeder Spieler, der den Ball nach vorne tritt, sollte dem Ball so schnell wie möglich nachsprinten, um vor ihm im Abseits stehende Mitspieler wieder spielberechtigt zu machen. Abseitsstellungen im offenen Spiel werden auch dadurch beendet, daß die gegnerische Mannschaft den Ball paßt, kickt oder daß Spieler der gegnerischen Mannschaft mehr als fünf Meter mit dem Ball laufen.

Die richtige Auslegung der Abseitsregel verlangt vom Schiedsrichter viel Fingerspitzengefühl. In jedem Fall ist es richtig, den Spielfluß zu fördern und auf zu häufiges Pfeifen zu verzichten; vorausgesetzt, daß einer Mannschaft durch großzügige Handlungsweise des Schiedsrichters keine zählbaren Nachteile entstehen und die Disziplin der Spieler die Großzügigkeit zuläßt. Es soll nicht verschwiegen werden, daß es schon häufig zu Tumulten unter den Spielern kam, weil Schiedsrichter klare Abseitsstellungen nicht erkannt haben und sich eine Mannschaft dadurch um die Früchte ihrer Bemühungen betrogen sah. Wenn abseits stehende Spieler ständig wohl gemeinte Angriffe zunichte machen, ist es schon zu verstehen, daß einem gestreßten Stürmer mal der Hut hochgeht.

Vorteil

Der Schiedsrichter soll nach einem Regelverstoß während des Spielgeschehens nicht pfeifen, wenn die unschuldige Mannschaft in Ballbesitz kommen und einen Vorteil erzielen kann. Der Vorteil muß entweder im Raumgewinn liegen oder ein klarer taktischer Vorteil sein.

Ein Beispiel: Einer angreifenden Mannschaft unterläuft ein Vorfallen. Die verteidigende Mannschaft nimmt den Ball auf, greift an und erzielt einen Versuch. Bei konsequenter Anwendung der Vorteilsregel darf der Schiedsrichter das Vorfallen nicht ahnden, sondern muß den Versuch der anderen Mannschaft anerkennen.

Den Unparteiischen ist eine große Entscheidungsspanne gegeben, die sie viel zu selten ganz ausnutzen. Ob ein Spiel flüssig und damit für Spieler und Zuschauer unterhaltsam ist, hängt fast immer auch davon ab, ob der Schiedsrichter in der Anwendung der Vorteilsregel ein Anfänger oder ein Könner ist. Auch hier gilt (zur Entschuldigung manches überflüssigen Pfiffes, selbst bei hochrangigen Spielen): Um ein Könner zu werden, muß man irgendwann einmal anfangen.

Freifang und Freitritt

Steht eine Mannschaft in der Verteidigung unter starker Bedrängnis, so kann sie sich unter bestimmten Voraussetzungen durch einen Freifang und einen daran anschließenden

Freitritt aus der bedrohlichen Umklammerung durch den Gegner befreien und das Spiel nach vorne verlagern.

Ein Spieler macht einen *Freifang* (auch *Mark* genannt), wenn er in seinem 22-Meter-Feld oder in seinem Malfeld mit beiden Füßen auf dem Boden steht, den Ball nach einem Kick, einem Vorwurf oder einem Vorfallen des Gegners klar fängt und dabei laut – und so, daß es der Herr Schiedsrichter auch hört – »Marke!« ruft. Dies darf der Verteidiger auch, wenn der Ball vorher eine der Malstangen oder die Querlatte berührt hatte.

Nach dem Freifang darf der Spieler, dem der Freifang unter Aufbietung allen Mutes und im Angesicht des heranstürmenden Gegners heldenhaft gelungen ist, einen Freitritt ausführen. Sollte er dazu nicht mehr in der Lage sein, ist er vom Platz zu tragen ... ; anstelle des Freifangs wird das Spiel dann mit einem Gedränge fortgesetzt.

Spaß beiseite: Es gehört schon eine gehörige Portion Courage dazu, beim Freifang im wahrsten Sinne des Wortes seinen Mann zu stehen, denn die nach einem hohen Kick heranpreschenden Spieler der angreifenden Mannschaft hören nicht immer sehr aufmerksam hin, ob der Fänger »Marke!« ruft oder nicht. Hier obliegt auch dem Schiedsrichter die Fürsorge für die Gesundheit der Spieler. Ein Pfiff mehr ist in diesem Falle tatsächlich manchmal mehr.

Foul

Die berühmte Regel 25 des Rugbyspiels beschäftigt sich mit allem, was verboten oder sittenwidrig ist. Und das sollte dann tatsächlich auch nicht getan werden. Spieler, die foul spielen, haben auf dem Rugbyplatz nichts verloren und sollten innerhalb der Gemeinschaft der Vereine und Verbände streng behandelt werden.

Foulspiel ist jede Aktion eines Spielers, die gegen die Buchstaben und den Geist des Rugbyspiels gerichtet ist. Es schließt Behinderung, unfaires Spiel, schlechtes Benehmen, unsportliches Verhalten, Vergeltung und wiederholte Regelverstöße ein.

Foulspiel ist unsozial, weil es auf die verschiedenste Art und Weise den Spaß und die Freude, die Menschen beim Rugby-spiel empfinden wollen, trübt oder ganz verdirbt. Schon bei der Ausbildung von Kindern muß viel Wert auf regelgerechtes Spiel verwendet werden. Willi Weyer, der ehemalige Präsident des Deutschen Sport-Bundes, bemerkte einmal, die Regeln des Rugbyspiels seien für ihn immer auch Regeln für das Leben gewesen.

Es ist verboten:

— einen zum Ball laufenden Gegner anzugreifen oder zu schubsen;
— absichtlich gegen eine Regel zu verstoßen;
— vorsätzlich unfair zu spielen;
— absichtlich Zeit zu vergeuden;
— absichtlich den Ball ins Seitenaus zu werfen;
— einen Gegner zu schlagen, zu treten, ihm ein Bein zu stellen oder auf ihm herumzutrampeln;
— einen Gegner zu früh, zu spät, gefährlich oder mit steifem Arm zu fassen;
— einen Gegner, der nicht in Ballbesitz ist, zu fassen, weg-zuschieben, anzugreifen, zu behindern oder nach ihm zu greifen;
— sich in irgendeiner Weise schlecht zu benehmen.

Verstöße werden mit Straftritt oder Strafversuch geahndet, wenn durch den Regelverstoß ein Versuch verhindert wur-de, der sonst wahrscheinlich erzielt worden wäre.

Der Strafversuch wird direkt unter den Goalstangen gege-ben, und nach der Verwarnung des schuldigen Spielers und dem Erhöhungstritt wird das Spiel nicht durch einen Antritt, sondern durch einen Straftritt am Mittelpunkt der Mittellinie fortgesetzt. Ein Regelverstoß kann also im ungünstigsten Fal-le zu neun Gegenpunkten führen. Da lohnt es sich zweifel-los, die Regeln zu achten!

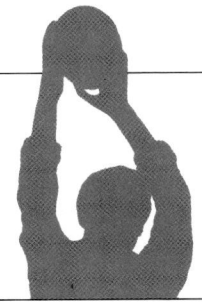

Die Grund-
techniken

Halten und Tragen des Balles

Beide Hände umfassen den Ball seitlich, die gespreizten Finger umschließen ihn in der Ballmitte nach unten, die Daumen sichern nach oben. Die Arme pendeln entspannt und frei vor dem Körper und können so die Laufbewegung ausbalancieren. Das beidhändige Tragen läßt das Abspiel des Balles nach beiden Seiten spontaner zu als das einhändige. Beim einhändigen Tragen wird der Ball mit Hand und Un-

Das beidhändige Tragen des Balls ermöglicht dem angreifenden Bundesligaspieler Thomas Leimert vom Sportclub Neuenheim schnelle Richtungswechsel und sicheres Abspiel nach beiden Seiten.

Oberkörper zum Mitspieler gewandt, Blickrichtung und Paßweg parallel: Ein technisch perfekter Paß des Nationalspielers Thomas Kurth während des Endspiels um die deutsche Meisterschaft 1990.

terarm in die Ellbogenbeuge und an die entsprechende Brustseite locker, aber doch sicher angedrückt. Der freie Gegenarm erlaubt einen gelösteren Lauf als beim beidhändigen Tragen. Beim gegnerischen Angriff ist der Ball am Körper abgeschirmt, und der freie Arm kann zum Abweisen des Gegners benutzt werden.

Passen und Fangen

Das Zuspiel des Balles nach hinten erfordert große Geschicklichkeit. Vor dem Zuspiel ruht der Ball in beiden Händen. Die am Spiel beteiligten Spieler nehmen Blickverbindung miteinander auf. Das Abspiel selbst erfolgt im Paßgang bzw. in Paßkoordination. Wer den Ball nach links hinten abgeben will, dreht sich mit dem Oberkörper nach links; dabei sind linke Schulter und linkes Bein hinten. Im Augenblick der Abgabe wendet sich der Spieler seinem Partner voll zu. Das Abspiel endet mit einem weiten Ausschwingen der Arme.

Beim freien Fangen gehen die Hände bei entsprechender Körperzuwendung dem Ball rechtzeitig entgegen. Nach dem Zugriff federn die gebeugten Arme die Ballgeschwindigkeit gegen den Körper weich ab.

Das Fußspiel

Das Treiben des Balles, das Dribbling, wird im Rugbyspiel nur dann angewandt, wenn es vorteilhaft erscheint oder notwendig ist, da der Ball (wegen seiner ovalen Form) selbst einen erfahrenen Spieler nach Bodenkontakten in Verlegenheit bringen kann. Beim Dribbling führt der Spieler den Ball abwechselnd rechts und links mit der Innenseite des Fußes oder den Schienbeinen dicht am Körper.

Auch die so einfach erscheinende Technik der Tritte kann

Kicks zu den Goalstangen werden meistens als Platztritte ausgeführt. Dabei wird der Ball mit der Spitze auf den Boden gesetzt; der Spieler tritt den Ball mit dem Innenspann zu den Malstangen.

45

Englands Verbindungshalb Rob Andrew bei einem Falltritt. Dabei wird der Ball leicht schräg gehalten und mit dem vollen Spann bei anschließender vollständiger Streckung des Beines getroffen.

man sich nur durch viel Übung aneignen. Für den Platztritt (Antritt, Straftritt und Erhöhungstritt) und den Sprungtritt gibt es in jeder Mannschaft besonders trainierte Spezialisten.

Platztritt: Beim Platztritt wird der Ball sorgfältig auf den Boden gesetzt, und zwar entweder in eine mit dem Schuhabsatz in den Rasen getretene Kerbe (was städtische Sportplatzpfleger gar nicht gerne sehen!) oder auf ein Sandhäufchen, das der Spieler mit Erlaubnis des Schiedsrichters errichten darf. Das richtige Setzen ist von großer Bedeutung, ergibt sich doch aus dem Neigungswinkel der Ball-Längsachse eine Grundtendenz für die Höhe, Weite und Richtung des Trittes sowie für das Ballverhalten im Flug. Getreten wird mit der Fußspitze oder dem Fußspann.

Beim Tritt mit der Fußspitze ist die Ball-Längsachse mehr oder weniger vor- oder zurückgeneigt und zeigt in Spielrichtung. Der Anlauf erfolgt gerade in Richtung auf das Ziel. Der zentral getroffene Ball wird dann auch einen geraden Flug-

Gefühlvoller Bodenroller des Nationalspielers Michael Liebig vom Heidelberger Ruderklub: Der Ball wird mit der Innenseite des Fußes in der Mitte getroffen und flach weggeschoben.

weg nehmen. Beim Tritt mit dem Innenspann ist die Ball-Längsachse eher leicht zurückgeneigt. Der Anlauf erfolgt in einer Kurve, der angeschnittene Ball wird jetzt einen seitlich abweichenden, eindrehenden Flugweg nehmen.

Falltritt: Der Falltritt ist ein Tritt aus der Hand. Er ist seiner wesentlichen Anwendung nach ein Hochweitkick. Beim Falltritt fällt der Ball ohne zusätzliche Impulse aus der oben beschriebenen Halteweise nach unten und wird noch vor der Bodenberührung von dem im Gelenk gestreckten Fuß-rücken (Spann) getroffen. Die Ball-Längsachse zeigt in Spielrichtung und verläuft etwa parallel mit dem Spann. Die Flugbahn des Balles wird von der Treffhöhe nach Verlassen der Hände und damit auch vom Zeitpunkt des Getroffenwer-dens, von der Fußhaltung und damit auch von der Neigung der Ball-Längsachse sowie von der Wucht des Trittes bestimmt. Je tiefer, also auch je später der Treffpunkt/die Treff-zeit liegt, desto flacher wird der Tritt ausfallen. Je höher, also auch je früher der Ball getroffen wird, je mehr sich das Spielbein der Horizontalen nähert, desto steiler wird der Ball ansteigen. Das Spielbein ist bei der Ballberührung gestreckt.

Bodenroller: Der Bodenroller ist ein Falltritt, der flach und räumlich begrenzt gespielt wird. Der Ball soll im Bereich des Spielenden oder seines Nebenmannes bleiben. Er wird deshalb erst nahe am Boden (also spät) bei starker Neigung von Fußspann und Ball-Längsachse getroffen.

Überkick: Mit dem Überkick will ein Ballträger seinen Gegner überlaufen und währenddessen auch überspielen; das heißt, er tritt den Ball so, daß dieser gerade noch über und aus der Reichweite des Gegners gelangt und von ihm selbst – nach Passieren des Gegners – wieder sicher gefangen werden kann. Der Spielende nutzt dabei den Vorteil aus, daß er, ohne Ballbesitz, im Lauf nicht gestört werden darf.

Der Ball wird mit Gefühl leicht halbhoch nach vorne getreten, der Fuß ist jetzt im Gelenk nicht gestreckt, sondern lokker angewinkelt, die Ball-Längsachse liegt nicht parallel mit dem Fußrücken, sondern ist zurückgeneigt. Damit wird der Ball in eine Gegenrotation versetzt, die ihn abbremst und die ihn zum Eindrehen in den Lauf veranlaßt.

Kreuzkick: Der Kreuzkick wird angewandt, um ein Spiel von der Seitenauslinie, wo es für seine Fortsetzung zu eng geworden ist, in die Spielfeldmitte zu verlagern.

Sprungtritt: Der Sprungtritt (auch Dropkick genannt) ist ein Tritt aus der Hand. Der Spielvorgang ist ähnlich dem beim Falltritt, nur wird der Ball, dessen Längsachse fast die Vertikale erreicht, jetzt erst unmittelbar nach der Bodenberührung getroffen. In der Ausgangsphase hält der Spieler den Ball etwas weiter vom Körper entfernt als beim Falltritt, der Körper ist mehr nach vorne geneigt, und das Spielbein ist bei der Ballberührung noch nicht ganz gestreckt, schwingt aber zur Streckung durch.

Die Grundtaktik

Je nach der Spielsituation wird das Handspiel – als Hauptangriffswaffe im Rugby – oder das Fußspiel bevorzugt.

Im allgemeinen kämpfen zuerst die beiden Sturmreihen um den Besitz des Balles, damit nach deren Abgabe nach hinten die Dreiviertelreihe als Träger des Angriffsspiels vorstürmen kann.

Angriff der Dreiviertelreihe: Ist der Ball bis zum Außendreiviertel durchgepaßt worden, so versucht dieser, durch einen Lauf Richtung Eckfahne das gegnerische Malfeld zu erreichen und einen Versuch zu legen. Gelingt ihm das nicht, so wird er versuchen, den Ball wieder zur Spielfeldmitte zu spielen. Das kann durch Zurückpassen geschehen oder durch einen Kreuzkick. Durch beide Spielmöglichkeiten gelangt der Ball in die Hände der in der Mitte mitgelaufenen Stürmer, die den Angriff fortsetzen und durch das für sie typische Kurzpaßspiel einen Versuch erzielen können.

Zu den Feinheiten eines kunstvollen Handspiels gehört der Überpaß, bei dem Spieler einfach übergangen werden, um den Ball schnell zum Außendreiviertel zu spielen, oder das Verlängern des Flügels, bei dem der Innendreiviertel nach Abgabe des Balles hinter dem Außendreiviertel herumläuft und den Ball wieder erhält. Hierdurch entsteht ein Überzahlspiel der angreifenden Mannschaft, das natürlich auch erreicht werden kann, wenn ein Stürmer der dritten Reihe, der Gedrängehalb, der Verbindungshalb oder der Schlußspieler als Überzahlspieler in den Angriff eingreifen.

Die Stürmer reihen sich nach Möglichkeit in die Dreiviertelreihe ein oder bilden hinter ihr eine zweite Angriffsreihe, um ebenfalls im Kombinationsspiel durchzubrechen.

Angriff der Stürmer: Während beim Angriffsspiel der Dreiviertelreihe zumeist weite, raumgreifende Pässe zu beobachten sind, weil der Ball schnell weg von den gegnerischen Stürmern und hin zum Außendreiviertel bewegt werden soll, pflegen die Stürmer bevorzugt das Kurzpaßspiel im Zick-Zack-Verfahren. Dadurch ist gewährleistet, daß alle Stürmer einem vom Gegner blockierten Ballträger schnell zu Hilfe kommen können, der Ballträger stets weiß, nach welcher Seite er abspielen kann und andererseits der zur Unterstützung herbeieilende Stürmer immer weiß, auf welcher Seite des Angreifers er sich anbieten muß.

Es gilt die Faustregel: Beim Stürmerpassen wird der Ball immer dorthin gespielt, woher er kam. Das heißt: Hat der Ballträger den Ball von rechts erhalten, so spielt er ihn wieder zur rechten Seite ab, weil dort gemäß der Zick-Zack-Paßtaktik stets ein Mitspieler anspielbereit ist.

Setzen die verteidigenden Stürmer den Angreifern hart zu, so daß bei einem Paßspiel zu befürchten ist, daß der Ball herausgefangen werden kann, so verzichten die Stürmer auf Pässe und stecken sich den Ball einfach zu, indem sie in weitaus engerem Abstand zueinander laufen und eine gebeugtere Haltung einnehmen. Dieser Spielweise bedient man sich auch bei schlechtem Wetter, wenn der Ball naß ist.

Verteidigungstaktik: Während die Dreiviertelspieler im Angriff tief gestaffelt sind, um vor dem Zusammentreffen mit dem Gegner eine hohe Geschwindigkeit und Wucht erreichen und den Ball fern von gegnerischer Einwirkung spielen zu können, so nehmen sie bei gegnerischem Ballbesitz eine typische Verteidigungsstellung ein, indem sie sich flach aufstellen. Die geringstnötige Entfernung zum angreifenden Gegner muß dann von der in einer Linie und lückenlos anlaufenden Reihe so schnell wie möglich zurückgelegt werden, womit der Angreifer in Zeitnot gebracht und zu überhasteten Pässen oder unüberlegten Kicks verleitet wird.

Ziel einer verteidigenden Mannschaft ist es immer, den Angreifer vor dem Punkt zu stoppen, von dem aus der Ball zuletzt gespielt wurde. Die gedachte Linie durch diesen Punkt nennt man Vorteilslinie. Man ist also auch in der Verteidigung bestrebt, Raumgewinn zu erzielen, indem man den angreifenden Gegner vor der Vorteilslinie bremst.

Fünfzehn-Mann-Rugby: Waren in den Ursprungsjahren des Rugbyspiels die Stürmer zumeist damit beschäftigt, den Ball zu erobern und damit anzugreifen, so hatten die Dreiviertelspieler vornehmlich Verteidigungsaufgaben. Das hat sich im Laufe der Zeiten grundlegend geändert.

Im modernen Spiel gilt generell, daß alle fünfzehn Spieler in der Lage sein müssen, in allen Situationen eines Spiels erfolgreich zu bestehen und an Angriffen und Verteidigungsleistungen gleichermaßen verantwortlich teilzunehmen.

Mit voller Wucht rast der australische Ausnahmestürmer Willie Ofahengaue in die Reihen der englischen Stürmer und trägt so das Spiel
seiner Mannschaft nach vorne.

Durch gefühlvolles Kurzpaßspiel verschaffen sich die Stürmer der neuseeländischen Junior-All-Blacks einen erheblichen Raumgewinn im
Spiel gegen Baden-Württemberg 1988 in Heidelberg.

Die Geschichte des Rugbyspiels

Ganz zweifellos gab es bereits zu Beginn unserer Zeitrechnung, bei Griechen und Römern, rugbyähnliche Spiele, weshalb es gar nicht so falsch ist, wenn bei »Asterix bei den Briten« ein urwüchsiges Rugbyspiel geschildert wird, bei dem Obelix anstelle des Balles seine Hinkelsteine wirft. Auch damals haben in Londinium, dem heutigen London, schon massenhaft Zuschauer dem Treiben zugeschaut.

William Webb Ellis

Der Geburtstag des modernen Rugbyspiels läßt sich ziemlich genau auf die zweite Jahreshälfte Anno 1823 datieren. Der 1807 im englischen Rugby in der Grafschaft Warwickshire geborene und 1816 ins College seiner Heimatstadt eingetretene William Webb Ellis nahm damals nämlich im Laufe eines Fußballspiels, bei dem er als Torwart neben gut fünfzig Feldspielern teilnahm, im heillosen Durcheinander des Spielgeschehens den Ball unter den Arm, rannte über das ganze Spielfeld und legte ihn, verfolgt von der Meute der Gegner und Mitspieler, hinter der gegnerischen Torauslinie ab. Damit hat Ellis – sicher ohne es zu beabsichtigen – das Rugbyspiel »erfunden«, sich danach aber nicht weiter damit befaßt.

Während sein Spiel immer mehr Freunde fand und sich schnell erst in England, dann in ganz Großbritannien und im Gebiet des britischen Empire, später aber auch in Mitteleuropa und zuletzt in Osteuropa ausbreitete, verließ Ellis 1825 das College von Rugby, setzte sein Theologie-Studium am Brasenose College von Oxford fort und war später Pfarrer der Kirche des heiligen Clemens im Herzen Londons, in The Strand nahe Charing Cross und Covent Garden. Er führte ein ruhiges Leben, gönnte sich im Alter die Sonne des Mittelmeeres und starb am 24. Januar 1872 im südfranzösischen Menton. Eine Inschrift an der Mauer des Colleges von Rugby erinnert an William Webb Ellis; der International Rugby Football Board hat den Goldpokal für den Weltmeister nach ihm genannt.

Die Rugby Football Union

Nach der eher zufälligen Kreation des neuen Raufspiels benutzten die Schüler der Colleges — andere junge Leute mußten hart arbeiten und hatten keinen Sinn für solchen Zeitvertreib — zunächst Schweineblasen als Bälle, die sie mit Stroh

William Webb Ellis, der »Erfinder« des Rugbyspiels. Einziges Porträt des englischen Pfarrers, das anläßlich einer seiner Predigten in der »Illustrated London News« veröffentlicht wurde.

oder Lumpen füllten. Dadurch ist die ovale Ballform entstanden, die später beibehalten und zu einem Charakteristikum des Rugbyspiels wurde.

Bereits im Jahre 1857 schlossen sich einige junge Burschen zusammen und gründeten in Liverpool den ersten englischen Rugby-Verein, dem Klubs in Blackheath (1858), Manchester (1860), Richmond (1861) und Sale (1861) folgen sollten. In Rugby selbst wurde erst 1873 der 19. englische Verein gegründet – da hatte der 1872 aus der Taufe gehobene Heidelberger Ruderklub als ältester deutscher Rugby-Verein bereits seine ersten Übungsspiele absolviert.

Am 26. Januar 1871 gründeten im Pall Mall Restaurant in London zwanzig Klubs die Rugby Football Union (RFU), den englischen Verband. Von den Gründungsmitgliedern zählen Blackheath, Richmond, Wellington College, Guy's Hospital, Harlequins, King's College, St. Paul's College und Civil Service noch immer zu den aktivsten Klubs. Vereine aus Schottland und Irland traten der RFU bei, bevor in den Jahren 1873 und 1879 deren eigene Rugby-Verbände entstanden.

Heute umfaßt die RFU 1794 Vereine mit 325 000 lizenzierten Spielern. Hinzu kommen 750 000 Jugendliche, die in ihren Schulen und Vereinen Rugby spielen. Die RFU ist also der größte und einflußreichste Rugby-Verband der Welt.

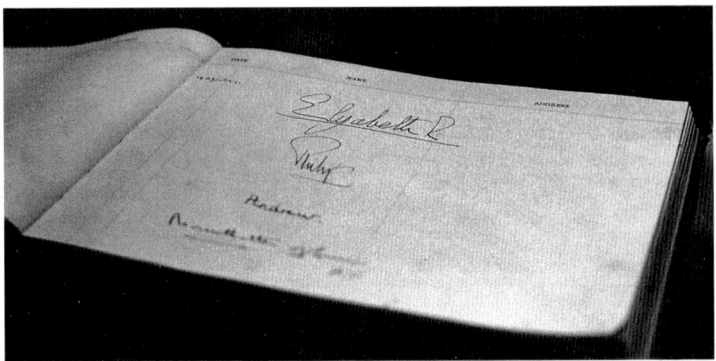

Prominenteste Mitglieder der Rugby Football Union sind Königin Elizabeth II, ihr Gemahl Prinz Philip von Mountbatten und Prinz Andrew. (Eintragung im Gästebuch der 100-Jahr-Feier der RFU 1971.)

Der Rugby Football Union Ground in Twickenham bei London ist zweifellos das berühmteste Rugby-Stadion der Welt – the home of british rugby.

Twickenham

Sitz der RFU ist Twickenham, ein von dem benachbarten Richmond nur durch einige Häuser, ein paar Spielfelder und einen großen Friedhof getrenntes Dorf im Südwesten Londons, das an der A 316 gelegen ist. Es geht das Gerücht, daß auf jenem Friedhof all diejenigen Rugbyspieler begraben werden, die auf dem grünen, akkurat gekämmten Rasen von Twickenham den Angsttod gestorben sind. Als wir dies nachprüften, entdeckten wir Grabmale von Damen, die um die Jahrhundertwende das Zeitliche gesegnet haben – lange vor Einführung des Damenrugbys also, das erst um 1970 in England und Nordamerika »erfunden« wurde. Es muß sich bei dem »Gerücht« folglich um den seinerseits gefürchteten englischen Humor handeln.

In Twickenham baute der Verband im Jahre 1910 auf Betreiben von Sir George Rowland Hill und aus Eigenmitteln den

RFU Ground, das weltberühmte Stadion von Twickenham, das wie das Tennisstadion von Wimbledon, das Fußballstadion von Wembley oder die Rennbahn von Ascot zu den Kultstätten des britischen Sports zählt.

Sir George, von 1904 bis 1907 Präsident der RFU und ein steinreicher Mann, gilt als führender Kopf der RFU in den Gründerjahren und trug wesentlich zur Verbreitung des Spiels über die ganze Welt bei. Ihm zu Ehren wurden vor dem Stadion von Twickenham, das heute 60 500 Zuschauern Platz bietet, am 5. Oktober 1929 die – für die damalige Zeit enorme Summe von 6000 Pfund Sterling errichteten – Rowland Hill Memorial Gates eingeweiht, auf denen ein goldener Löwe, das Wahrzeichen Twickenhams, thront.

Twickenham wurde zum »Mekka des Rugbysports«, finden doch seit dem 15. Januar 1910 (England schlug Wales mit 11:6) alle Heimspiele der englischen Nationalmannschaft, die Finals der Middlesex Sevens und die alljährlichen Varsity-Matches zwischen den Universitäten von Oxford und Cambridge dort statt. Am 3. Oktober 1991 wurde in Twickenham die 2. Rugby-Weltmeisterschaft mit dem Spiel zwischen Gastgeber England und Titelverteidiger Neuseeland (12:18) von Prinz Edward eröffnet, am 2. November 1991 fand an gleicher Stelle und in Anwesenheit von Elizabeth II das Finale zwischen Australien und England (12:6) statt.

Das RFU Museum

Unter der 1988 neu errichteten Süd-Tribüne des RFU Ground hat der Verband ein Museum eingerichtet, das der Öffentlichkeit tagtäglich zugänglich ist und für das man auf Voranmeldung auch Führungen erhalten kann. Das Museum dokumentiert eindrucksvoll die Geschichte des Spiels anhand von Fotos, Zeichnungen und Gemälden, Ausrüstungsgegenständen berühmter Spieler und Schenkungen zahlreicher Rugby-Verbände aus aller Welt an die RFU, die in Vitrinen ausgestellt sind.

Einzelne Vitrinen erinnern an Englands Länderspiele seit 1883, die großen Spiele der diversen Grafschaftsauswahlen,

Der Präsident des Deutschen Rugby-Verbandes Theodor Frucht
(rechts) überreicht dem Direktor des RFU-Museums Rex King ein Trikot der deutschen Nationalmannschaft und einen Erinnerungsteller.

die Varsity-Matches, die Spiele der British Lions und des
Barbarians RFC und die Spiele der britischen Militärauswah-
len der Royal Army, der Royal Navy und der besonders erfolgreichen Royal Air Force. Viele Nationen, auch der Deutsche Rugby-Verband, haben Trikots ihrer Nationalmannschaften, Wimpel, Erinnerungsteller und die im Rugby so
bedeutungsvollen Verbandskrawatten als Ausstellungsstük-
ke zur Verfügung gestellt.

Apropos Krawatten: Wenn Rugbyspieler Krawatten austau-
schen (und sie immer sofort auch anziehen), knüpfen sie
symbolisch eine dauerhafte Freundschaft mit ihrem Spiel-
partner. Spieler, die eine lange Karriere hinter sich haben,
verfügen oft über Krawatten-Sammlungen größeren Umfan-
ges.

Im Porträt: Horst Kemmling

Inmitten einer Schrebergarten-Kolonie des hannoverschen Bezirkes Linden liegt das mit pechschwarzer Erde und einigen Grasbüscheln bedeckte Spielfeld des Turn- und Sportvereins von 1900. Linden – das ist der Stadtteil der Arbeiter und Angestellten, der kleinen Leute, die ihr Brot früher bei der HANOMAG und nun bei den Stadtwerken oder den Continental Reifenwerken verdienen und in ihrer Freizeit dem Rugbyball nachjagen. Denn Linden, das ist Victoria.

»Auf dem Sportplatz, bei Victoria, da bin ich groß geworden«, sagt Horst Kemmling. Schon Horsts Eltern, der Rugbyspieler Horst-Bodo und die Korbballspielerin Marga, haben ihre Jugend bei Victoria verbracht, weshalb es vielleicht gar nicht anders kommen konnte, als daß »Horsti junior« ebenfalls ein Rugbyspieler wurde. Und was für einer!

Am 25. Januar 1957 ist Horst Kemmling in Linden zur Welt gekommen, und nachdem er »auf dem Sportplatz, bei Victoria« ganze 1,82 Meter groß, schnell und kräftig geworden war, bestritt er acht Junioren-Länderspiele, sechs Länderspiele unter 21 Jahren und 49 A-Länderspiele für den Deutschen Rugby-Verband.

Damit ist Horst Kemmling mit großem Abstand deutscher Rekord-Nationalspieler – und vieles spricht dafür, daß seine 49 Länderspiele noch einige Jahre die Marke sein werden, die es für seine Nachfolger im weißen Trikot mit dem Bundesadler zu brechen heißt.

Horst Kemmlings Karriere verlief geradlinig, ohne Brüche, ohne Turbulenzen, ohne Geschichten und Geschichtchen. Horst Kemmling selbst ist die Geschichte. Die Geschichte einer deutschen Bilderbuchkarriere.

Seinen Einstand in der deutschen Nationalmannschaft gab Horst Kemmling, damals noch – der Mode der Zeit folgend – mit schulterlangem blondem Haar, mit 19. Am 11. November 1979 in Hannover gegen die Tschechoslowakei. Der gelernte Gedrängehalb debütierte als Innendreiviertel; eine Rolle, die er lieben lernte, in der er seine athletischen und technischen Fähigkeiten voll entfalten konnte und in

Er spielte insgesamt neunundvierzigmal in der deutschen Mannschaft:
der Rekord-Nationalspieler Horst Kemmling von dem TSV Victoria
Linden.

der er zum bedeutendsten deutschen Rugbyspieler wurde.
Wenn Not am Mann war im Nationalteam, das in Kemmlings Anfangsjahren nicht immer glücklich zusammenge-
stellt war, kehrte der Sonderschullehrer auch immer mal gerne auf den Gedrängehalb-Posten zurück, auf dem er noch
mehr Einfluß auf den Spielrhythmus seines Teams nehmen
konnte.

Heute spielt Horst Kemmling, der verheiratet und Vater einer Tochter ist und an einer Schule für Lernbehinderte unter-
richtet, »nur noch« für seine Victoria und läßt seine Karriere
langsam ausklingen.

Eine große Karriere, »die nur möglich wurde, weil ich Glück hatte«, wie er meint. »Ich hatte das Glück, von Verletzungen verschont zu bleiben. Deshalb habe ich von 1976 bis 1988 bei Länderspielen nur dreimal gefehlt. Glück hatte ich aber auch, Anfang der achtziger Jahre den Aufbruch im deutschen Rugby miterleben und mitgestalten zu können – diese Erfahrungen möchte ich nicht missen.«

Nach dem Sieg von Heidelberg über Tunesien war Horst Kemmlings Nationalteam 1981 in die A-Gruppe der FIRA-Meisterschaft aufgestiegen, hatte 1982 durch einen Sieg über die UdSSR den Klassenverbleib geschafft und somit zwei Jahre lang die Möglichkeit, sich mit den besten Europäern, den Franzosen, Rumänen, Italienern und Sowjets, zu messen. »Das war eine unheimlich positive Zeit, obwohl wir nach zwei Jahren wieder absteigen mußten.«

Auf die schönen Jahre folgten dann ganz schwierige Zeiten, in denen das deutsche Rugby in der Versenkung zu verschwinden drohte. »Nach den enormen Belastungen in den A-Gruppe-Spielen haben eine Menge guter Spieler aufgehört und sich ihren Berufen und Familien widmen müssen«, bedauert Horst Kemmling noch heute, daß eine hoffnungsvolle deutsche Nationalmannschaft praktisch über Nacht auseinanderfiel.

Nachdem er zu seiner Verantwortung als Spielführer des Nationalteams gestanden und eine neue Mannschaft mit aufgebaut hatte, beendete Horst Kemmling am 17. April 1988 im portugiesischen Arcos de Valdevez nach einer ehrenvollen 9:13-Niederlage gegen Portugal seine bemerkenswerte internationale Laufbahn.

Zu seinem 49. und (endgültig?) letzten Länderspiel kam er aber erst gute zwei Jahre später, am 21. Juli 1990 in Windhoek. Damals begleitete er als Co-Trainer die neue deutsche Nationalmannschaft unter Bundestrainer Robert Antonin bei ihrer ersten Spielreise durch das gerade in die Unabhängigkeit entlassene Namibia. Und als die deutsche Mannschaft nach fünf überaus schweren Spielen gegen Regionalauswahlen und Namibia B »am Stock ging« und keine fünfzehn gesunden Spieler mehr hatte, entsprach der junge Trainer dem Wunsch der Mannschaft, sprang ein und wurde zum Senior des Teams.

Daß Horst Kemmling nach zwölf Jahren als Spieler und drei Jahren als Co-Trainer in absehbarer Zeit das Cheftrainer-Amt im DRV übernehmen könnte, schließt er selbst beinahe aus. »Das ist eigentlich ein Fulltime-Job. Mit meinem Beruf kann ich das wohl nicht verbinden. Und wir sollten im deutschen Rugby langsam auch davon abkommen, die wichtigste sportliche Führungsposition nebenamtlich zu besetzen«, möchte Kemmling seiner Devise aus aktiven Zeiten gerne treu bleiben.

»Ganz oder gar nicht«, war schon immer Kemmlings Leitspruch, und gerne möchte der dreifache deutsche Meister und dreifache deutsche Pokalsieger die Zeit zurückdrehen und »noch einmal alles mitmachen, aber ganz anders anpacken«.

Seine Erfahrungen als international anerkannter Spieler und seine Zusammenarbeit mit Trainern aus den großen Rugby-Nationen haben Horst Kemmling gelehrt, daß er bis vor kurzem nach völlig falschen Kriterien trainiert hat. Der Mann, der sich durch Trainingsfleiß und Pünktlichkeit auszeichnete wie kaum ein anderer, »hat erst vor vier Jahren angefangen, systematisch und mit ganz bestimmten Zielen zu trainieren. Das tue ich heute intensiver als vor zehn Jahren, und das ist eigentlich schade.«

Obwohl er von wenig qualifizierten Trainern lange fehlgeleitet worden war, bedauert es der deutsche Rekord-Nationalspieler nicht, sein Leben den Prinzipien und Erfordernissen des Rugbys untergeordnet zu haben. »Ich habe vom Rugby auf höchstem Niveau ungeheuer profitiert. Ich habe gelernt, mich zu bewähren. Ich bin dadurch zu einer stabilen Persönlichkeit geworden, die mit Leistungsdruck, den Gefühlen nach Sieg und Niederlage, mit Freude und Enttäuschung umzugehen gelernt hat. Deshalb kann ich jedem jungen Spieler nur raten: Setzt euch hohe Ziele und verfolgt sie konsequent. Es lohnt sich wirklich!«

Auch wenn man kein Rekord-Nationalspieler wird wie Horst Kemmling, der Mann mit der Bilderbuchkarriere.

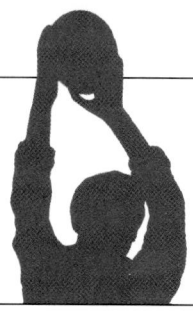

Der Deutsche Rugby-Verband

Die geschichtliche Entwicklung

Das Rugbyspiel wurde in erster Linie von jungen Engländern auf dem europäischen Kontinent und im Deutschen Staatenbund bekanntgemacht, die hier Colleges besuchten oder ihren Militärdienst versahen. So spielte zum Beispiel der junge William Cail, von 1892 bis 1894 Präsident der RFU, bereits 1865 Rugby auf dem Cannstadter Wasen, während seiner Schulzeit in der Klose'schen Anstalt, einer Stuttgarter Privatschule.

In Heidelberg tummelten sich wohlhabende Zöglinge aus dem College des Dr. Holzberg auf den Neckarwiesen und interessierten schon bald den männlichen Nachwuchs des nördlich des Neckars gelegenen Stadtteils Neuenheim für das merkwürdige Spiel mit dem unförmigen Ball. »Durchtragerles« nannten die Neuenheimer Buben den Freizeitspaß mit der »Quetsch« (hochdeutsch: Pflaume) und fanden soviel Freude bei Spielen gegen die College Boys, daß sie 1872 einen eigenen Rugbyverein gründeten, in dem der am College und der Dr. Gaspey's Schule beschäftigte englische Junglehrer Edward Hill-Ullrich Trainer wurde. Der Heidelberger Flaggenklub von 1872 ist der älteste deutsche Rugbyverein, er wurde 1874 in Heidelberger Ruderklub umbenannt und existiert noch heute.

In Hannover, der zweiten Hochburg des deutschen Rugbysports, wurde das Spiel durch englische Soldaten verbreitet, die am Königshaus in Herrenhausen Wache schoben und in ihrer spärlichen Freizeit auf den Leine-Auen Rugby spielten. Auch hier fanden sich bald einheimische Nachahmer, was zur Gründung des Deutschen Sportvereins von 1878 Hannover führte.

Wenig später schossen Rugbyvereine in Baden-Baden, Stuttgart (der heutige VfB), Kassel, Darmstadt, Dresden, Frankfurt, Hamburg, Karlsruhe, Leipzig, Wiesbaden und natürlich in Hannover und Heidelberg förmlich aus dem Boden, was sich im Mutterland des Rugbys bald herumsprach. Schon 1878 veröffentlichte die Londoner Sport-Wochenzeitschrift »The Field« einen Aufruf zur Gründung des Deutschen Rugby-Verbandes, doch kam es dazu erst 22 Jahre später. 1898 trafen sich die Vertreter der Vereine zu Vorgesprächen zum ersten Deutschen Rugby-Tag in Heidelberg, und am 4. November 1900 war es endlich soweit: In Kassel wurde der Deutsche Rugby-Verband aus der Taufe gehoben, und zwar zunächst als Abteilung des Deutschen Fußball-Bundes. Genau ein Jahr später, am 4. November 1901, sagten sich die Rugbyspieler von den Fußballern los und wurden autonom.

Hans Baumgärtner, Ehrenpräsident des DRV, DRV-Präsident (1974 bis 1985), Vize-Präsident der FIRA (1974 bis 1989) und deutscher Rugbymeister mit dem Sportclub Neuenheim 1949.

»Prosit« im Jahr 1990 auf die baldige Vereinigung der Verbände: DRV-Präsident Willi Eckert (zweiter v. l.) und DRSV-Präsident Gerd Scharn (vierter v. l.).

Damals gehörten dem Deutschen Rugby-Verband (DRV) 19 Vereine an, 1992 sind es 78 Vereine in acht Landesverbänden mit insgesamt 10000 Mitgliedern.

1909 wurde die erste deutsche Meisterschaft ausgetragen, am 17. April 1927 fand in Paris das erste Länderspiel einer deutschen Nationalmannschaft (5:30 gegen Frankreich) statt, und bis zum Ausbruch des Zweiten Weltkrieges boomte der Rugbysport in Deutschland. Von den Nazis wurde Rugby ob seines englischen Ursprungs nicht sonderlich gefördert, und nach dem Zusammenbruch von Hitlers Unrechtregime gab es Wichtigeres zu tun, als Rugby zu spielen. Am 10. Dezember 1950 wurde der DRV im Neuen Rathaus zu Hannover neugegründet, doch es dauerte lange, bis die Vereine und die Nationalmannschaft wieder die Spielstärke der Vorkriegsjahre erreichten. Während das Nationalteam aber immerhin schon am 27. April 1952 in Padua (6:14 gegen Italien) internationalen Spielverkehr pflegen konnte, erlitt der Rugbysport im Gebiet der damaligen DDR ein noch viel schwereres Schicksal. Zwar trat im Herbst 1951 eine aus zwölf Hennigsdorfern und sieben Leipzigern gebildete Mannschaft mit dem Trainer Erwin Thiesies und dem Kapitän Werner Behring in Bukarest gegen Rumänien an und unterlag mit 24:64, doch zur offiziellen Gründung des Deutschen Rugby-Sportverbandes (DRSV) kam es erst am 20. April 1958 unter dem Präsidenten Heinz Hofmann. Der DDR-Rugbysport führte als nichtolympische Sportart fortan ein Schattendasein und trat international wenig in Erscheinung. Am 7. Dezember 1990 löste sich der DRSV in Werder an der Havel auf und ermöglichte seinen Vereinen tags darauf den Eintritt in den DRV.

Die deutsche Nationalmannschaft

Aushängeschild des deutschen Rugbysports ist natürlich die Nationalmannschaft – als Spiegelbild der Leistungsfähigkeit der Vereine und des Organisationstalentes der noch immer vorwiegend ehrenamtlichen Funktionäre im DRV und den Landesverbänden.

Vom 17. April 1927, der Premiere gegen die Franzosen, hat die deutsche Nationalmannschaft bis Ende 1991 191 Länderspiele bestritten, von denen sie 82 gewann und 102 verlor; sieben Begegnungen endeten unentschieden. Daß die Länderspielbilanz eindeutig negativ ist, liegt vor allem daran, daß die deutsche Mannschaft in den Anfangsjahren fast ausschließlich gegen den mächtigen westlichen Nachbarn spielte und daß die Franzosen in 41 Spielen 38mal – meistens deutlich – die Oberhand behielten. So ist auch die Spielpunkte-Bilanz von 2389:2847 vornehmlich auf die Spiele gegen die Equipe Tricolore zurückzuführen.

Auf dem grünen Rasen trafen die deutschen Nationalspieler bisher auf 19 Nationen, wobei die Bilanzen gegen Belgien (17 Spiele, 14 Siege, 1 Unentschieden, 2 Niederlagen), Bulgarien (1 – 1/0/0), Dänemark (3 – 3/0/0), Jugoslawien (6 – 5/1/0), die Niederlande (29 – 20/1/8), Polen (9 – 5/0/4), Portugal (3 – 2/0/1), Schweden (5 – 3/0/2), die Schweiz (3 – 3/0/0) und Spanien (12 – 7/1/4) positiv sind. Einen Sieg und eine Niederlage gab es in den beiden Begegnungen gegen Tunesien, und negativ sind die Bilanzen gegen Italien (20 – 4/1/15), Marokko (7 – 2/0/5), Namibia (1 – 0/0/1), Rumänien (12 – 4/0/8), die CSFR (14 – 5/1/8), die UdSSR (5 – 1/0/4) und West-Samoa (1 – 0/0/1).

Gegen die ganz Großen des Weltrugbys – die Australier, Neuseeländer, Briten oder die geheimnisumwitterten Südafrikaner – dürfte die deutsche Mannschaft bisher nicht antreten, doch bestehen mit diesen führenden Nationen enge sportliche Kontakte auf Klub- oder Landesverbandsebene. Besonders die Landesverbände Niedersachsen und Baden-Württemberg haben in den letzten Jahren ein Netz internationaler Kontakte geknüpft und mit starken britischen, neuseeländischen oder französischen Teams den Leistungsvergleich gesucht.

In über 120 Nationen wird Rugby mittlerweile gespielt, und natürlich stellen sich die deutschen Rugbyspieler immer wieder die Frage, auf welcher Ebene sie mit ihrer Nationalmannschaft anzusiedeln sind. Nach Auswertung aller – in der internationalen Sportpresse gefundenen – Länderspiel-Ergebnisse der letzten Jahre läßt sich mit ziemlicher Genauigkeit sagen, daß die deutsche Fünfzehn in der Welt zur Zeit etwa auf Rang 25 einzustufen ist und berechtigte Hoffnungen hegen darf, bei der 3. Weltmeisterschaft 1995 in Südafrika im Kreis der dann möglicherweise 24 weltbesten Mannschaften dabeizusein.

Seit der Deutsche Rugby-Verband im Jahre 1987 ein detailliertes Konzept zur Leistungsförderung der Auswahl- und Nationalmannschaft beschlossen hat und seither systematisch mit den zahlreichen guten Talenten gearbeitet wird, ist ein Leistungsaufschwung des Nationalteams festzustellen.

Bemerkenswert ist, daß der Deutsche Rugby-Verband immer noch keinen hauptberuflichen Bundestrainer beschäftigt, mit entsprechenden Anträgen an das Bundesministerium des Inneren bisher kein Glück hatte und seit 1988 aus Eigenmitteln einen in Diensten der Fédération Française de Rugby (FFR) stehenden Trainer als Teilzeit-Bundestrainer be-

Seit der Franzose Jean-Claude Rutault (links) die deutsche Nationalmannschaft betreut, sind Siege an der Tagesordnung. Neben ihm: Ingo
Schmiedeberg, Michael Threin, Wolfgang Hornig.

schäftigt. Bis 1990 führte Robert Antonin aus der Trüffelstadt
Périgueux die deutschen Spitzenspieler an die Schwelle zur
kontinentaleuropäischen Spitze, nun hat Jean-Claude Rutault aus Château Roux den Aufstieg in die A-Gruppe der
FIRA-Meisterschaft vor Augen.
Einen entscheidenden Schritt nach vorn wird der Deutsche
Rugby-Verband jedoch nur dann machen können, wenn er
einen Fachmann à la Antonin oder Rutault als Fulltime-
Coach gewinnt – denn das deutsche Rugby benötigt nicht
nur eine exakt auf ihre Länderspiele vorbereitete und hervor-
ragend betreute Nationalmannschaft, sondern auch eine In-
stanz, die alle leistungssportlichen Aufgaben und Maßnahmen innerhalb des gesamten Verbandes plant, koordiniert
und in die richtigen Bahnen lenkt. Trainer- und Schiedsrich-
ter-Fortbildung sind genauso wichtig wie das Training und
die Sichtung der Nationalspieler.
Kurzum: In allem muß künftig noch kompetenter gearbeitet

werden, dann könnten die Erwartungen der Australier und Neuseeländer, die Deutschland als große Sportnation im Kreis der World-Cup-Teams zu sehen wünschen, durchaus in Erfüllung gehen.

Große Spiele – große Teams

In der deutschen Länderspiel-Geschichte gab es Höhen und Tiefen, aber immer auch Spiele, denen man eine »historische Bedeutung« nachsagt. Sechs Daten, sechs Ergebnisse und sechs Mannschaften wollen wir nennen, um damit große und bittere Tage des deutschen Rugbys zu markieren.

Bereits in ihrem zweiten Länderspiel überhaupt gelang der deutschen Mannschaft ein großer Sieg. Am 15. Mai 1927 wurden in Frankfurt am Main die Franzosen mit 17:16 besiegt, die ja knapp einen Monat zuvor in Paris die Länderspiel-Premiere der deutschen Fünfzehn noch mit 30:5 gewonnen hatten.

Wegen der uneffektiven Mannschaftsaufstellung im ersten Spiel wurde unter anderem die Position des Gedrängehalbs gegen den 19jährigen Frankfurter Willy Volz ausgetauscht. Dieser war seinem Gegenüber, dem französischen Kapitän Dupont, zwar an Erfahrung unterlegen, konnte aber technisch vollständig mithalten und viele Bälle aus den Gedrängen dem Verbindungshalb »Heini« Pfersdorf zuspielen.

»Dabei erinnere ich mich an einen Versuch von Fritz Leipert, dem ich auf der kurzen Seite den Ball zuspielte und der dann in rasantem Lauf die französische Hintermannschaft durchbrach und seinen Versuch legte. An zwei Versuche des Stürmers Adolf Meyer kann ich mich ebenfalls erinnern, der von der Gasse weg erfolgreich war«, berichtet der 83jährige Willy Volz, der einzige »Held« von damals, der noch am Leben ist und sich bester Gesundheit erfreut.

Schon damals ließen sich »die Zuschauer, von denen der größte Teil noch nie ein Rugbyspiel gesehen hatte, durch unser Spiel hell begeistern«, so Willy Volz weiter. »Von anfänglich etwa 5000 stieg die Zahl auf rund 12000, nachdem die Zuschauer eines gleichzeitig stattgefundenen Radrennens zu unserem Stadion herübergekommen waren. Die Freude bei uns und den Zuschauern war riesengroß. Wir ließen den Tag mit einem großartigen Bankett ausklingen. Die französische Hintermannschaft war natürlich äußerst gefährlich und unserer überlegen. Wir konnten diesem Umstand nur dadurch begegnen, indem wir den Franzosen möglichst wenig Bälle überließen, was uns auch infolge unseres guten Sturmes gelang«, erzählt Willy Volz, dem von den französischen Spielern zwei in guter Erinnerung geblieben sind: »Einmal mein Gegenüber Dupont und der Innendreiviertel Béhoteguy. Einer von beiden trug während des Spiels eine Baskenmütze.«

Die DRV-Fünfzehn lag zur Pause des von dem englischen Schiedsrichter Jackson geleiteten Spiels noch mit 0:5 zurück. 0:5, weil der Versuch damals drei Punkte und die Erhöhung zwei Punkte wert war. Die deutsche Fünfzehn bestand damals aus:

Fritz Sing (Sportclub Neuenheim) – Fritz Leipert (Heidelberger Ruderklub), Kurt Senning (FC Schwalbe Hannover), Willi Krumfuß (TSV Victoria Linden), Karl Botzong (Heidelberger Ruderklub, Kapitän) – Willy Volz (SC 1880 Frankfurt), Heinrich Pfersdorf (Heidelberger Ruderklub) – Karl Müller (FC Schwalbe Hannover), Willy Berg (SC 1880 Frankfurt), Georg Hartleib (VfR Döhren) – Werner Offenhauer (ASC Leipzig), Karl Böhler (SC 1880 Frankfurt) – Walter Lücke (SV Odin Hannover), Adolf Meyer (TSV Victoria Linden), Heini Ammann (Rudergesellschaft Heidelberg).

In den folgenden Jahren nahm der Deutsche Rugby-Verband auch regelmäßigen Spielverkehr mit anderen europäischen Partnern auf: 1929 trat man erstmals gegen Spanien an, 1931 gegen die Tschechoslowakei, 1933 gegen die Niederlande, 1936 gegen Rumänien und Italien und 1937 gegen Belgien. Immer verließen die Deutschen als Gewinner den grünen Rasen. Ein zweiter Sieg gegen die Franzosen wollte jedoch erst im zwölften Anlauf glücken. Am 27. März 1938 war wieder einmal Frankfurt Schauplatz eines Länderspiels gegen die Franzosen, und unter der Leitung des Heidelberger Schiedsrichters Alex Krambs, der den Sportclub Neuenheim im Jahre 1949 als Trainer zur deutschen Meisterschaft führen sollte, landeten die Deutschen mit ihrem phantastischen Spielführer Dr. Karl Loos einen 3:0 (3:0)-Sieg. Dr. Loos führte folgende Fünfzehn aufs Feld:

Georg Isenberg (Verein für Volkssport Hannover) – Hans Reuter (SV Odin Hannover), Willi Dünhaupt (DSV von 1878 Hannover), Friedrich Bukowski (FC Schwalbe Hannover), Karl Hübsch (Heidelberger Ruderklub) – Karl-Heinz Richter (Berliner Sportverein), Dr. Karl Loos (Heidelberger Ruderklub, Kapitän) – Oskar Hohberg (DSV von 1878 Hannover), Erwin Thiesies (Berliner Sportverein von 1892), Dr. Helmut Gilbert (SC 1880 Frankfurt) – Adolf Koch (DSV von 1878 Hannover), Fritz Döpke (Verein für Volkssport Hannover) – Martin Schroers (FC Schwalbe Hannover), Otto Wehrmann (FV 1897 Linden), Helmut Bönecke (DRC Hannover).

Das war der letzte Sieg über Frankreich, und nach dem Zweiten Weltkrieg, als der Rugbysport vor allem in Südfrankreich einen enormen Aufschwung genommen hatte, entsandten die Franzosen meistens nur ihre zweite Garnitur von Nationalspielern, wenn es gegen Deutschland anzutreten galt. Nur einmal noch gab es Grund zur völligen Zufriedenheit der deutschen Spieler: Am 30. März 1958 gelang der Mannschaft von Spielführer Hans Schumann in Nantes ein 6:6. Mit Schumann erkämpften dieses vorzügliche Ergebnis:

Klaus-Dieter Bremer (SV Odin Hannover) – Gerhard Morsch (Rudergesellschaft Heidelberg), Kuno Birk (TSV Handschuhsheim), Alfons Heinisch (SC 1880 Frankfurt), Klaus Wesch (TSV Victoria Linden) – Christian Dannenberg (SV 1908 Ricklingen), Manfred Kohlweiler (Sportclub Neuenheim) – Wolfgang Austein (SV Odin Hannover), Ewald Zapfe (DSV von 1878 Hannover), Hans Dubac (Heidelberger Turnverein) – Werner Nolte (SC Elite Hannover), Karl-Heinz Jühne (SV 1908 Ricklingen) – Gustav Dörzbacher (TSV Handschuhsheim), »Hummel« Lührs (FC St. Pauli), Hans Schumann (TSV Victoria Linden).

Klaus Wesch, der junge Außendreiviertel von 1958, spielte

auch am 12. November 1972 beim nächsten Erfolg der deutschen Nationalmannschaft eine bedeutende Rolle. Wesch war inzwischen ehrenamtlicher Bundestrainer geworden und führte an diesem Tage seine Fünfzehn in Bukarest zum 11:10-Sieg über Rumänien.

Jörg Schäufele schrieb damals über diesen ganz und gar unerwarteten Sieg in der Deutschen Rugby-Zeitung: »Immer wieder dirigierten die Trainer Wesch und Gerd Kneifel vom Spielfeldrand im gute Bedingungen bietenden Dinamo-Stadion und fanden auch Gehör. Ein energisch operierender Sturm, der ausgezeichnet störte, wobei sich besonders die dritte Reihe mit Dörr, Pfisterer und Sammet gut in Szene setzen konnte, saubere Arbeit der ersten Reihe mit Bönning, Gruber und Kreisch und die zweite Reihe mit Hoppe und Heller, die an der Gasse gegen wesentlich größere Kontrahenten zwar kaum eine Chance hatten, dafür aber im offenen Spiel wirksam wurden, waren die Aktivposten.«

Die deutsche Mannschaft spielte mit: Gerd Kotte (TSV Victoria Linden) – Werner Weiß (TSV Victoria Linden), Walter Nowack (SV 1908 Ricklingen), Horst Wohler (FC St. Pauli), Manfred Erdmann (SV 1908 Ricklingen) – Peter Körkel (Rudergesellschaft Heidelberg), Detlev Tippmann (Rudergesellschaft Heidelberg) – Kurt Dörr (Heidelberger Turnverein), Dr. Fritz Pfisterer (Rudergesellschaft Heidelberg, Kapitän), Gerhard Sammet (Sportclub Neuenheim) – Peter Hoppe (TSV Victoria Linden), Peter Heller (TSV Handschuhsheim) – Dieter Kreisch (DSV von 1878 Hannover), Peter Gruber (Heidelberger Ruderklub), Carlhans Bönning (Sportclub Neuenheim).

Ein Jahr nach der großen Stunde von Bukarest mußte die deutsche Mannschaft aus der A-Gruppe der FIRA-Meisterschaft absteigen, und fast neun Jahre verstrichen, bis am 29. März 1981 in Heidelberg mit einem 30:9-Sieg über Tunesien der Wiederaufstieg in die höchste Klasse des kontinentaleuropäischen Rugbys gelang. Unter dem neuen Bundestrainer Fritz Raupers aus Hannover spielte sich die junge deutsche Mannschaft in die Herzen der fast 3000 Zuschauer in Heidelberg-Handschuhsheim.

Im Aufgebot waren: Günter Brand (DRC Hannover), Andreas Schlonsak (DRC Hannover), Horst Kemmling (TSV Victoria Linden, Kapitän), Fred Herzog (Sportclub Neuenheim), Werner Donath (Heidelberger Ruderklub) – Manfred Wundram (FV 1897 Linden), Carsten Himmer (DSV von 1878 Hannover) – Jürgen Mehl (RC Rottweil), Hans-Werner Balzer (TSV Victoria Linden), Andreas Tolle (FV 1897 Linden) – Jürgen Höwelmeyer (FV 1897 Linden), Martin Haas (SC 1880 Frankfurt) – Peter Heller (TSV Handschuhsheim), Jürgen Merz (Rudergesellschaft Heidelberg), Hans-Joachim Schmitt (TSV Handschuhsheim) und die zum Einsatz gekommenen Ersatzspieler Günter Neumann (SC Germania List) und Heiko Diedrich (SC Linden). Sie alle schrieben ein erfreuliches Kapitel deutscher Rugby-Geschichte.

Zum Abschluß unserer geschichtlichen Betrachtung soll von einer Niederlage die Rede sein; der 6:12-Niederlage der deutschen Mannschaft im Weltmeisterschafts-Qualifikationsspiel gegen die Niederlande am 17. September 1989 in Heidelberg-Handschuhsheim. Selten hat ein deutsches Team ein so wichtiges Spiel so unglücklich verloren, doch nachdem es bis zur letzten Minute der regulären Spielzeit 6:6 gestanden hatte, unterlief der deutschen Hintermannschaft ein Flüchtigkeitsfehler, den die Holländer zu einem erhöhten Versuch nutzten. Dieses Spiel – so bitter sein Ausgang auch war – zeigte den deutschen Spielern, daß sie sich im internationalen Vergleich vor den meisten europäischen Nationen nicht zu verstecken brauchen und mit klügerer Taktik und etwas mehr Erfahrung gegen die meisten auch gewinnen können.

Die deutschen Hoffnungsträger hießen: Dietmar Kopp (DSV von 1878 Hannover) – Karli Hauck (Heidelberger Ruderklub), Claus Himmer (DSV von 1878 Hannover), Wolfgang Hornig (Rudergesellschaft Heidelberg), Lars Kirschner (BSC Offenbach) – Ladislaus Vigh (Heidelberger Ruderklub), Ingolf Cartsburg (Berliner Rugby-Club) – Mathias Entenmann (Rudergesellschaft Heidelberg), Udo Dörr (Heidelberger Turnverein), Thorsten Schippe (DSV von 1878 Hannover) – Jörg Näther (TSV Victoria Linden), Andreas Reckewerth

(DSV von 1878 Hannover) – Jens Himmer (DSV von 1878 Hannover, ab 70. Tilo Six, Berliner Rugby-Club), Dietrich Volkmer (DSV von 1878 Hannover), Dirk Kuhnen (TSV Victoria Linden, Kapitän).

Deutsche Meisterschaft und Bundesliga

Bis 1971 ermittelten die Landesverbände Niedersachsen, Hamburg, Berlin, Nordrhein-Westfalen, Hessen und Baden-Württemberg ihre Meister in Oberligen. In Zwischenrunden-Spielen und durch das traditionsreiche Endspiel um die deutsche Meisterschaft, das bis heute der eigentliche Höhepunkt des Rugbyjahres in Deutschland ist, wurde dann der deutsche Meister ausgespielt. Leistungsorientiert denkende Männer wie die Hannoveraner Klaus Wesch und Karl Knoblauch und der Heidelberger Karl Lachat artikulierten jedoch schon Ende der sechziger Jahre die Unzufriedenheit der Spitzenklubs mit diesem Modus. »Die besten Spieler werden bei Spielen innerhalb ihres Landesverbandes zu selten gefordert«, war das schlagende Argument der »Väter der Bundesliga«, die beim Deutschen Rugby-Tag 1971 in Berlin die Einführung einer zweigeteilten Bundesliga mit den Staffeln Nord und Süd und jeweils zehn Vereinen durchsetzten.

Während sich im Süden mit den Heidelberger Traditionsvereinen Sportclub Neuenheim, Rudergesellschaft Heidelberg, Heidelberger Ruderklub (ältester deutscher Klub und Meister 1971), Heidelberger Turnverein und TSV Handschuhsheim, dem SC 1880 Frankfurt und der Frankfurter Eintracht aus Hessen und den nordrhein-westfälischen Spitzenklubs RC Hürth, Bonner SC und ASV Köln schnell zehn Klubs für die Bundesliga gefunden hatten, tat man sich im Norden weitaus schwerer, die Maßgaben des Verbandes zu erfüllen. Einige Klubs konnten sich am kostspieligen Unternehmen Bundesliga, das viele Reisen erfordert, nicht beteiligen, andere wollten es nicht, so daß zur Bundesliga-Premiere am 18. September 1971 nur sechs Klubs die Staffel Nord bildeten: der SV Odin Hannover, der SC Siemensstadt, der FC St. Pauli, der SV 1908 Ricklingen, der DSV von 1878 Hannover und der TSV Victoria Linden. Vier Vereine aus Hannover also, einer aus Hamburg und einer aus Berlin. Nach der Vor- und Rückrunde bestritten die beiden Staffelsieger das End- spiel, in dem der TSV Victoria Linden den SC Neuenheim in einer Hitzeschlacht in Heidelberg mit 17:16 besiegte und seinen 13. deutschen Meistertitel gewann. Mittlerweile sind die Victorianer, wegen ihrer schwarz-weiß gestreiften Tri- kots auch die »Zebras von der Fösse« genannt, 16facher deutscher Meister – ein stolzer Rekord, der noch lange Be- stand haben wird.

Apropos TSV Victoria Linden: Dieser mit über 400 Mitglie- dern stärkste deutsche Rugbyverein aus dem hannoverschen Arbeiterbezirk Linden hat schon fünfmal den deutschen Po- kal gewonnen und stellte in den fünfziger Jahren die beste deutsche Vereinsmannschaft aller Zeiten. Jenes Team, das 1948, von 1951 bis 1956 ununterbrochen und dann wieder 1958 und 1962 – also insgesamt neunmal – deutscher Mei- ster war und das vom Bundespräsidenten mit dem Silbernen Lorbeerblatt ausgezeichnet wurde, hatte mit Albers, Bad- stübner, Billerbeck, Bock, Heinz Döring, Droste, Leutz, Ren- delmann, Hans Schumann, Karl-Heinz Schumann, Schwar- ze, Klaus Wesch und Wiegmann nicht weniger als 13 Natio- nalspieler in seinen Reihen.

Erfreulicherweise waren fortan immer mehr Klubs daran in- teressiert, in der Bundesliga zu spielen, was nach einer klei- nen Reform im Jahre 1973 und einer Abspeckung auf acht Vereine je Staffel schließlich zur großen Bundesliga-Reform von 1989 führte. In Heusenstamm beschlossen die Delegier- ten der Vereine die Bildung einer viergeteilten Bundesliga mit jeweils sechs Vereinen pro Staffel nach französischem Muster.

Auch wenn man schon zwei Jahre später in Hannover von diesem Modell teilweise abrückte und die Einführung einer einteiligen Bundesliga ab 1992/93 unter Beibehaltung eines breiten Unterbaues in vier zweiten Bundesligen zu je sechs Vereinen beschloß, ist der Gedanke von Heusenstamm, möglichst viele Klubs am Leistungsrugby zu beteiligen, si- cher richtig. Der Aufschwung des Rugbysports in Stuttgart,

Endspiel um die deutsche Meisterschaft 1962 in Hamburg: Der herausragende Nationalspieler Klaus Wesch legt einen Versuch für Victoria.

Offenbach, Hamburg, Braunschweig, Hagen, München und Karlsruhe zeigt dem Deutschen Rugby-Verband, daß er bei allen Bemühungen zur Förderung der Nationalmannschaften die Basis der Vereine nicht aus den Augen verlieren darf und stets ein Wettkampfsystem anbieten muß, das den Interessen möglichst vieler entgegenkommt.

In der Spielzeit 1991/92, die aufgrund ihres Qualifikationscharakters für die einteilige Bundesliga besonders bedeutend ist, zählen folgende Klubs zur obersten Spielklasse:

Gruppe Süd A: Heidelberger Turnverein, Bonner SC, Post SG Stuttgart, Rudergesellschaft Heidelberg, SC 1880 Frankfurt und RC Hürth.

Gruppe Süd B: Heidelberger Ruderklub, RK Heusenstamm, TV Delster Hagen, TSV Handschuhsheim und Sportclub Neuenheim.

Gruppe Nord A: SV 1908 Ricklingen, TSV Victoria Linden, Stahl Hennigsdorf, Berliner Rugby-Club, FC St. Pauli und Berliner Sport-Verein von 1892.

Gruppe Nord B: DRC Hannover, VfR Döhren, SV Odin Hannover, SC Germania List, Blau-Gelb Braunschweig und DSV von 1878 Hannover.

Der DSV von 1878 Hannover ist zwar der zweitälteste deutsche Klub, doch seine Akteure sind noch immer ganz schön rüstig. Die Mannschaft um die Nationalspieler Claus Himmer, Andreas Reckewerth, Thorsten Schippe, Dietmar Kopp, Dietrich Volkmer, Martin Sievers, Rainer Hoffmann, Jörg Tappe, Volker Himmer, Werner Morgenroth, Dirk Sebesse und den verstorbenen Carsten Himmer gewann seit 1982 sechsmal die deutsche Meisterschaft, stand weitere dreimal im Endspiel und holte noch fünfmal den Pokal. Claus Himmer, Dietmar Kopp und Dietrich Volkmer waren immer dabei, wenn es etwas Größeres zu feiern gab.

Nachdem seit 1909 in bisher 71 Endspielen der deutsche Meister und seit 1962 in bisher 29 Endspielen der deutsche Pokalsieger ermittelt wurde, ergibt sich folgende Rangliste der deutschen Klubs:

21 Titel: TSV Victoria Linden (16 Meisterschaften/
    5 Pokalsiege)

18 Titel: DSV von 1878 Hannover (9/9)

 9 Titel: Sportclub Neuenheim (6/3)

 8 Titel: Heidelberger RK (6/2) und SV Odin Hannover (6/2)

 7 Titel: SC Germania List (3/4)

 5 Titel: SV 1908 Ricklingen (3/2)

 4 Titel: SC 1880 Frankfurt (4/0) und FV 1897 Linden (4/0)

 3 Titel: FC Schwalbe Hannover (3/0), VfR Döhren (3/0) und
    Rudergesellschaft Heidelberg (1/2)

 2 Titel: Verein für Volkssport Hannover (2/0)

 1 Titel: Ordnungspolizei Hannover (1/0), SC Elite
    Hannover (1/0), FC 1897 Linden (1/0), TSV Hand-
    schuhsheim (1/0) und DRC Hannover (1/0)

Das Vereinsrugby in der ehemaligen DDR wurde eindeutig von dem 1948 auf Initiative des ehemaligen Deutschen Nationalspielers Erwin Thiesies entstandenen Sportvereins Stahl Hennigsdorf beherrscht, der zwischen 1952 und 1990 nicht weniger als 27mal DDR-Meister wurde und stets einen Großteil der DDR-Auswahl stellte. Obwohl die Hennigsdorfer nach der Wende und der deutschen Vereinigung viele gute Spieler an Berliner und hannoversche Klubs verloren, haben sie immer noch eine spielstarke Mannschaft, die sich in der Bundesliga Nord sehr gut behauptet.

Das Damen-Rugby

Ab Anfang der achtziger Jahre begann sich auch in Deutschland das schöne Geschlecht für das wilde Spiel mit dem ovalen Ball zu interessieren, und bei der Rudergesellschaft Heidelberg, dem Sportclub Neuenheim, dem Heidelberger Ruderklub, dem Wiedenbrücker Turnverein und dem Deutschen Rugby-Club Hannover bildeten sich erste Mannschaften.

Es braucht nicht extra betont zu werden, daß die jungen Damen – meist Schwestern, Freundinnen, Frauen oder Töchter aktiver oder ehemals aktiver Rugbyspieler – einen harten Kampf kämpfen mußten, um in den Männerbastionen der Rugbyvereine akzeptiert zu werden. Mancherorts ist Rugby leider immer noch Männersache, was besonders diejenigen kaum verstehen können, die einmal gesehen haben, wie schön und technisch anspruchsvoll junge Damen zu spielen verstehen. Gut: Ganz so schnell und rasant wie bei den Männern geht es beim Damen-Rugby nicht zu, aber was Trainingsfleiß, Leistungsbereitschaft und Enthusiasmus anbelangt, stehen die deutschen Rugby-Damen ihren männlichen Vorkämpfern in nichts nach.

Nachdem auch in Berlin, Hamburg, Karlsruhe und Rottweil im rauhen Schwarzwald Damenteams entstanden sind, wurde 1987/88 erstmals eine bundesweite Turnierserie um den Deutschland-Pokal gestartet, woraus ein Jahr später die Damen-Bundesliga entstand, die ihren Meister zunächst mit Hin- und Rückrunde, dann aber erneut durch eine Serie von Turnieren ermittelte.

Dominierendes Damenteam ist der Sportclub Neuenheim mit seinen Nationalspielerinnen Evelyn Bechtel, Angelika Kraft, Martina Schmitt, Petra Jordan, Katja Schumacher, Raina Schnelle, Antje Sarna, Susanne Kaiser-Zubrod, Claudia Mönch, Kristina Wiegand, Barbara Chandler, Andrea Kunkel, Christine Sommer und Ingrid Knoblauch. Was der TSV Victoria Linden bei den Männern, ist der Sportclub Neuenheim bei den Damen: Deutschland-Pokalsieger 1988 und seither ununterbrochen deutscher Meister.

Gemeinsam mit Mädchen und jungen Damen aus Berlin, Rottweil, Hannover, Heusenstamm und Wiedenbrück bilden die SCN-Damen den Stamm der deutschen Nationalmannschaft, die sich seit 1990 auch international bewähren möchte. Bisher gab es zwei ehrenvolle Niederlagen gegen die erfahreneren Schwedinnen, doch bei häufigeren Vergleichen mit stärkeren Teams darf auf einen schnellen Lernprozeß und baldige Erfolge gehofft werden.

Das Kinder- und Jugendrugby

Schon in den fünfziger Jahren, aber leider bis heute nicht überall, hat sich in den deutschen Vereinen die Erkenntnis durchgesetzt, daß man im Daseinskampf mit anderen, populäreren Sportarten nur bestehen könne, wenn man eifrig Jugendarbeit betreibe und sich so den Nachwuchs für die Leistungsmannschaften selbst heranziehe. Hannover, Heidelberg und Berlin sind auch deshalb Hochburgen des deutschen Rugbys, weil es dort immer Frauen und Männer gab, die sich in ihrer Freizeit und bis heute zumeist unentgeltlich um die Ausbildung von jungen Talenten gekümmert haben.

Die Deutsche Rugby-Jugend, 1967 in Berlin als ziemlich eigenständige Jugendorganisation des Deutschen Rugby-Verbandes aus der Taufe gehoben, propagiert seither das Kinder- oder Erziehungsrugby und erließ Regeln für das Spiel der Nachwuchsmannschaften, die heutzutage schon ab sechs Jahren das komplizierte Spiel in kindgerechter, spielerischer Form erlernen.

Im Sommer 1991 wurden diese Spielregeln modernisiert,

Früh übt sich, wer ein guter Rugbyspieler werden will. Und auch an kämpferischem Einsatz lassen es die sechs- bis achtjährigen Jungen und Mädchen nicht fehlen.

wobei Erfahrungen von deutschen Lehrern wie von französischen und neuseeländischen Sport-Pädagogen Berücksichtigung fanden. Diese Regeln sowie Trainingsanleitungen zum sogenannten »New Image Rugby« sind bei der Deutschen Rugby-Jugend (Bundesleistungszentrum Nord, Ferdinand-Wilhelm-Fricke-Weg 2 a in 3000 Hannover 1) kostenlos zu erhalten.

Für Lehrer und Trainer hat der Deutsche Rugby-Verband ein sehr praktisches Büchlein mit dem Titel »Vom Mini-Rugby zum großen Spiel« herausgegeben, das zum Preis von 15,– DM bei DRV-Lehrwart Bernd Hünerkoch, Alte Heerstraße 6 B in 2800 Bremen 66 bestellt werden kann. Es handelt sich dabei um ein auf wasserfesten Arbeitskarten angebotenes Kursprogramm, das auf den Regeln des »New Image Rugbys« aufbaut und eine Einführung zum Kennenlernen des Balles bis hin zu spielnahen Übungsformen bietet.

Die meisten Landesverbände führen Meisterschaften unterschiedlicher Ausprägung in den Altersklassen Schüler D (6 bis 8 Jahre), Schüler C (9 und 10 Jahre), Schüler B (11 und 12 Jahre), Schüler A (13 und 14 Jahre), Jugend (15 und 16 Jahre) und Junioren (17 bis 19 Jahre) durch.

In Baden-Württemberg beispielsweise hat sich nach vielen Experimenten die Turnierform als sinnvollste Spielweise erwiesen: Alle Schülermannschaften des Verbandes treffen sich mehrmals im Jahr an einem Ort und spielen die Landesmeister bei Turnieren nach einem leichtverständlichen Punktsystem aus. Der Sieger eines solchen Meisterschaftsturnieres erhält zehn Punkte, der Zweite neun, der Dritte acht usw. Wer am Ende der Saison die meisten Punkte hat, ist baden-württembergischer Meister und nimmt an den deutschen Meisterschaften teil, die die Deutsche Rugby-Jugend seit 1969 in den Altersklassen Schüler C bis Junioren durchführt.

Es ist oft und nicht ohne Schärfe darüber diskutiert worden, ob es sinnvoll ist, einen deutschen Meister der Zehnjährigen zu küren, doch kamen die Argumente gegen einen solchen Wettbewerb meistens von jenen, die ihn noch nie gewonnen hatten. In der deutschen Schüler- und Jugendmeisterschaft erfolgreiche Vereine stellten dagegen immer den besonders motivierenden Werbeeffekt eines solchen Titelgewinns heraus.

Sicherlich ist es in einer Sportart, die nur durch leistungsorientiertes Arbeiten auf allen Ebenen ihr Schattendasein beenden kann, nicht gerade verkehrt, schon den jüngsten Nachwuchs mit dem Leistungsgedanken vertraut zu machen. Sich mit der ganzen Persönlichkeit für ein Ziel einzusetzen, Kameradschaft und die im Rugby besonders ausgeprägten Regeln des Fair play von Kindesbeinen an zu erlernen, ist gewiß nicht das Schlechteste und mit ein Grund, warum wettkampforientiertes Rugby in vielen großen Rugby-Nationen als Schulsport sehr geschätzt wird.

Bei den deutschen Nachwuchs-Meisterschaften haben sich Vereine aus Heidelberg, Hannover und Berlin besonders hervorgetan, doch zeigt das Beispiel des Wiedenbrücker TV, daß ein nimmermüder Sportlehrer wie der verstorbene Horst

Lück und emsige Jugendbetreuer einen solch kleinen Verein durchaus in die Phalanx der etablierten Klubs führen können.

Nachstehende Vereine haben bisher deutsche Schüler- und Jugendmeisterschaften gewonnen:
31 Titel: Rudergesellschaft Heidelberg; 25 Titel: Heidelberger Ruderklub; 18 Titel: DSV von 1878 Hannover und Berliner Rugby-Club; 7 Titel: Sportclub Neuenheim; 5 Titel: TSV Victoria Linden; 4 Titel: DRC Hannover; 3 Titel: Wiedenbrücker TV; 2 Titel: Heidelberger Turnverein und Berliner Sport-Verein von 1892; 1 Titel: RC Hürth, FV 1897 Linden und VfR Döhren.

Rugby in den Schulen

War Rugby in den Gründerjahren vor allem ein Sport, der an Schulen gespielt wurde – wir erwähnten die Klose'sche Anstalt in Stuttgart, das Heidelberg-College und die Dr. Gaspey's-Schule in Heidelberg –, so bemühen sich auch in jüngster Zeit weitsichtige Förderer der Jugendarbeit, an diese Tradition anzuknüpfen. An dieser Stelle sei auf einen Weg verwiesen, den der in der Jugendarbeit führende Rugby-Verband Baden-Württemberg 1988 eingeschlagen hat: die »Modellmaßnahme Rugby als Schul- und Breitensport«, die unter anderem vom Heidelberger Arbeitsamt großzügig gefördert wird.

Mit Hilfe des Arbeitsamtes, das in allen Bundesländern Maßnahmen zur Arbeitsbeschaffung (AB-Maßnahmen) genehmigt und teilweise finanziert, stellte der Rugby-Verband Baden-Württemberg einen arbeitslosen Gymnasiallehrer als hauptberuflichen Verbandssportlehrer ein. Dieser Fachmann wandte sich mit ausdrücklicher Genehmigung des jeweils zuständigen Schulamtes an die Grund- und Hauptschulen des Verbandsgebietes und bat darum, an diesen Schulen während des regulären Sportunterrichtes Rugby-Kurse für die Klassenstufen zwei bis vier durchführen zu dürfen. In keiner(!) Schule wurde dem Verbandssportlehrer die-

ses Anliegen verwehrt, so daß inzwischen Tausende von
Zweit- bis Viertkläßlern beiderlei Geschlechts während der
Schulzeit mit dem Rugbyspiel vertraut gemacht werden
konnten.

Für besonders interessierte und talentierte Schülerinnen und
Schüler bot der Verbandssportlehrer während der Nachmit-
tagsstunden Rugby-Arbeitsgemeinschaften an und überführ-
te all diejenigen Kinder, die Interesse am Rugby in den Ver-
einsmannschaften zeigten, nach und nach in die Nach-
wuchsteams der Klubs in Heidelberg, Stuttgart, Karlsruhe
und Pforzheim. Vereine, die dann mit einer funktionieren-
den Infrastruktur in ihren Jugendabteilungen dafür sorgten,
daß den Kindern das Rugbyspielen im Verein auch viel Spaß
bereiten konnte, brauchen sich um ihren Fortbestand auf
Jahre hinaus keine Sorgen zu machen.

Das geschilderte Beispiel aus Baden-Württemberg ist freilich
nur eine (erprobte und gelungene) Möglichkeit, den Rugbysport in die Schulen zu tragen, wo auch interessierte Sportlehrer zu wertvollen Multiplikatoren werden können.

Aufgrund der Eigeninitiative von Lehrern sind erfreulicherweise in den letzten Jahren auch andernorts und auf andere
Weise Schulmannschaften entstanden, die im Sommer 1991
in Potsdam erstmals ihren deutschen Meister im Altersbe-
reich der Junioren ermittelten. Der Deutsche Rugby-Verband geht sicherlich den richtigen Weg, diesen Wettbewerb
fortzuschreiben und auch auf andere Altersklassen auszu-
dehnen. Koordiniert wird dieses Projekt vom Lehrwart des
DRV, Bernd Hünerkoch in 2800 Bremen 66, Alte Heerstraße
6 B, der gerne auch Auskünfte erteilt, Kontakte von Schulen
zu anderen Schulen herstellt und Lehrer bei ihrer Arbeit be-
rät.

Rugby an den Universitäten

Schon in den sechziger Jahren gab es an den Universitäten
von Berlin, Hannover und Heidelberg Rugby-Gruppen, die
Spielverkehr mit Kommilitonen aus Frankreich, Großbritannien und Italien pflegten. Und der neuseeländische Bot-

schafter in Bonn stiftete der Universität in der Bundeshaupt-
stadt einen gewaltigen Pokal, um den ab 1970 die deutschen Hochschulmannschaften bei einem alljährlich statt-
findenden bundesoffenen Turnier kämpften.
Wer jemals dort teilgenommen hatte, wird die einzigartige
Atmosphäre dieser sportlich durchaus anspruchsvollen Veranstaltung wohl nicht vergessen, und diejenigen Studenten,
die Anfang der achtziger Jahre das deutsche Hochschul-
Rugby systematisch voranzutreiben begannen, wurden
sicherlich vom Flair des Bonner Turniers beeinflußt.
Die erste offizielle deutsche Hochschulmeisterschaft unter
dem Patronat des Allgemeinen Deutschen Hochschul-Sport-
verbandes (ADH) mit Sitz in Darmstadt fand 1983 in Hannover statt, wobei es schon etwas peinlich ist, einen Wettbewerb deutsche Meisterschaft zu nennen, an dem sich nur
drei Mannschaften beteiligen. Die Ruperto Carola Heidelberg gewann vor der Universität Hannover und der Technischen Hochschule Aachen.
Schon 1984 beteiligten sich jedoch acht Hochschulen am
Turnier in Heidelberg, das die Gastgeber erneut gewannen,
bevor sie 1985 die Überlegenheit der Uni Köln anerkennen
mußten, was ihren Appetit auf weitere Hochschultitel jedoch nur noch größer machte.
1986, anläßlich der 600-Jahr-Feier der Uni Heidelberg, be-
warben sich neun deutsche und eine französische Hochschule im Rahmen einer phantastischen Sportwoche um den
mittlerweile sehr begehrten Titel und bewirkten, daß die
deutsche Hochschulmeisterschaft inzwischen zu einem fe-
sten Bestandteil des deutschen Rugby-Sportkalenders geworden ist. 1986 feierte man nicht nur den runden Geburtstag der ältesten deutschen Universität, sondern erlebte auch
den Durchbruch des deutschen Hochschul-Rugbys. Und
obwohl die Heidelberger von damals bis heute »ihren« Titel
nicht aus den Händen gaben, wurden die folgenden jährli-
chen Turniere zu außerordentlich spannenden und hoch-
klassigen Wettbewerben, wobei die Studenten aus Aachen,
Karlsruhe oder Mannheim oft ganz nahe am Titel waren.
Der Gedanke, den Rugbysport dadurch bekanntzumachen,

daß man angehende Sportlehrerinnen und Sportlehrer dafür begeistert, hatte an der Universität Heidelberg seinen Ursprung, und so war die Ruprecht-Karls-Universität die erste deutsche Hochschule, die im Sommersemester 1988 einen Lehrauftrag für Rugby vergab. Mittlerweile lehrt dort ein wissenschaftlicher Angestellter und sorgt dafür, daß Rugby als Wahlfach eine wissenschaftliche Grundlage erhält.

Im Rahmen des Allgemeinen Studentensports bieten inzwischen eine ganze Reihe von Sportinstituten Rugby-Kurse an: In Berlin, Braunschweig, Bonn, Frankfurt am Main, Freiburg, Göttingen, Hamburg, Hannover, Heidelberg, Karlsruhe, Kiel, Köln, Mannheim, Marburg, Tübingen und Potsdam gibt es studentische Rugby-Teams, so daß es für den Allgemeinen Deutschen Hochschul-Sportverband kein großes Wagnis war, im Dezember 1988 erstmals eine deutsche Studenten-Nationalmannschaft auf die Beine zu stellen.

In Antony im Südwesten von Paris war eine aus Studenten der Pariser Grandes Ecoles gebildete französische Nationalmannschaft erster Länderspielgegner der Deutschen, die beim 10:16 sogar den möglichen Sieg verschenkten. Im Jahr darauf in Heidelberg klappte es dann: Am 14. November 1989 besiegte die deutsche Fünfzehn die Franzosen mit 18:9 Punkten und schlug sich auch bei ihrem dritten Länderspiel 1990 an gleicher Stelle gegen Neuseelands Nationalmannschaft unter 21 Jahren beim 7:21 sehr respektabel.

Die studentischen Rugby-Pioniere, die 1988 in Antony erstmals ins deutsche Nationaltrikot schlüpften, waren: Kapitän Volker Lorenz (TH Aachen), Matthias Bechtel (Uni/PH Heidelberg), Christian Kühne (Uni/PH Heidelberg, ab der 55. Minute Andreas Multerer, Uni Frankfurt), Michael Schwebler (Uni Berlin), Olaf Heger (TH Aachen, ab der 41. Bernd Martin, Uni/PH Heidelberg), Gerhard Barthel (Uni/PH Heidelberg), Hans-Peter Riethmüller (Uni/PH Heidelberg, ab der 65. Sascha Lück, Uni Karlsruhe), Ingo Schmiedeberg (Uni/PH Heidelberg), Christoph Albinger (Uni/PH Heidelberg), Ulrich Byszio (Uni Saarbrücken), Armin Schulz (Uni Berlin), Peter Hoffmann (Uni Berlin), Frank Gaa (Uni/PH Heidelberg, ab der 60. Stephan Uebachs, TH Aachen),

Wolfgang Zubrod (Uni/PH Heidelberg), Sven Gutsche (Uni Karlsruhe, ab der 41. Joachim Haßel, Uni/PH Heidelberg).

Wegweiser durch Rugby-Deutschland

Wo kann man Rugby spielen?

In den nachstehenden Städten und Gemeinden wird in Vereinen, Universitäten oder Schulen Rugby gespielt (in Klammern die Landesverbands-Zuordnung: B = Berlin, Bbg = Brandenburg, BW = Baden-Württemberg, HH = Hamburg, He = Hessen, NRW = Nordrhein-Westfalen, Ns = Niedersachsen, S = Sachsen, SA = Sachsen-Anhalt):

Aachen (NRW)	– Rugby-Club Aachen
	– Technische Hochschule Aachen
Bad Homburg (He)	– DJK SV Helvetia Bad Homburg-Kirchdorf
Bad Liebenzell (BW)	– Bildungszentrum Bad Liebenzell
Berlin (B)	– Berliner Rugby-Club
	– Berliner Sportverein von 1892
	– Berliner Sport-Club
	– SC Siemensstadt Berlin
	– Post SV Berlin
	– Sportclub Berlin
	– ESV 53 Berlin
	– ACCSB Berlin
	– Freie Universität Berlin
Bielefeld (NRW)	– 1. Rugby-Club Bielefeld
Birkenwerder (Bbg)	– Grün-Weiß Birkenwerder
Bocholt (NRW)	– Phönix Bocholt
Bonn (NRW)	– Bonner Sport-Club
Brandenburg (Bbg)	– Stahl Brandenburg
Braunschweig (Ns)	– Postsportverein Blau-Gelb Braunschweig
	– Technische Universität Braunschweig
Bremen (Ns)	– Allgemeiner Turn- und Sportverein
	– Bremen 1860
Brühl (NRW)	– Brühler TV
Celle (Ns)	– Postsportverein Celle
Darmstadt (He)	– Postsportverein Blau-Gelb Darmstadt
Dessau (SA)	– Lokomotive Dessau
Duisburg (NRW)	– Duisburger SC Preußen 01

85

Erftstadt (NRW)	– SG Erftstadt
Frankfurt (He)	– SC 1880 Frankfurt
	– SG Eintracht Frankfurt
	– American RFC Frankfurt
	– Universität Frankfurt
Freiburg (BW)	– Rugby-Club Freiburg
	– Universität Freiburg
Freital (S)	– Stahl Freital
Fürstenfeldbruck (BW)	– TuS Fürstenfeldbruck
Geesthacht (HH)	– VfL Geesthacht
Geltow (Bbg)	– SG Geltow
Germersheim (BW)	– RFC Germersheim
Gerwisch (SA)	– Lokomotive Gerwisch
Grevenbroich (NRW)	– TK Grevenbroich
Hagen (NRW)	– TV Delster Hagen
Hamburg (HH)	– FC St. Pauli von 1910
	– Polizei SV Hamburg von 1920
	– Hamburger Sportverein
	– Hamburger Rugby-Club von 1950
	– Exiles RFC Hamburg
	– Universität Hamburg
Hannover (Ns)	– DSV von 1878 Hannover
	– SC Germania List
	– DRC Hannover
	– FV 1897 Linden
	– SV Odin 05 Hannover
	– VfR Döhren
	– TSV Victoria Linden
	– SV 1908 Ricklingen
	– FC Schwalbe Hannover
	– SC Linden
	– Nordstädter Turnverein
	– Universität Hannover
Heidelberg (BW)	– Heidelberger Ruderklub von 1872
	– Heidelberger Turnverein von 1846
	– Rudergesellschaft Heidelberg
	– Sportclub Neuenheim von 1902
	– TSV 1886 Handschuhsheim
	– Blacksheep Rugby-Club Heidelberg
	– Englisches Institut Heidelberg
	– Universität Heidelberg

Hennigsdorf (Bbg)	– Stahl Hennigsdorf
Heusenstamm (He)	– Rugby-Klub Heusenstamm
Hürth (NRW)	– Rugby-Club Hürth
Karlsruhe (BW)	– Karlsruher Sport-Verein
	– Universität Karlsruhe
Kiel (HH)	– Universität Kiel
Köln (NRW)	– ASV Köln
	– Universität Köln
Leipzig (S)	– Rugby-Club 1990 Leipzig
	– Lokomotive Wahren
Liebenwalde (Bbg)	– TSG Liebenwalde
Lübeck (HH)	– Turn- und Sportverein Lübeck
Marburg (He)	– Rugby-Union Marburg
Möglingen (BW)	– Turnverein Möglingen 05
München (BW)	– München Rugby Football Club
Offenbach (He)	– Ballspielclub 1899 Offenbach
Oranienburg (Bbg)	– Lokomotive Oranienburg
Pforzheim (BW)	– Turnverein 1834 Pforzheim
Porz (NRW)	– GSV Porz
Potsdam (Bbg)	– PSV Potsdam
	– RG 88 Potsdam
	– Universität Potsdam
Pulheim (NRW)	– Pulheimer Sport-Club
Rottweil (BW)	– Rugby-Club Rottweil
Stuttgart (BW)	– Post SG Stuttgart
Trier (NRW)	– Postsportverein Trier
	– Technische Hochschule Trier
Tübingen (BW)	– Universität Tübingen
Varel (Ns)	– Sport-Club Varel
Velten (Bbg)	– Empor Velten
Wiedenbrück (NRW)	– Wiedenbrücker Turn-Verein
Würzburg (BW)	– American RFC Würzburg

Anschriften der Landesverbände

Berliner Rugby-Verband, Vorsitzender Peter Welsh, Seehof-
straße 132 A, 1000 Berlin 37, Tel. 0 30/8 17 64 52.
Rugby-Verband Baden-Württemberg, Vorsitzender Claus-Peter
Bach, Johann-Fischer-Straße 19, 6900 Heidelberg 1,
Tel. 0 62 21/47 38 79.
Rugby-Verband Brandenburg, Vorsitzender Gerd Scharn,
Midgardstraße 25/19, O-1121 Berlin, Tel. 0 03 72/4 71 13 01.

Hamburger Rugby-Verband, Vorsitzender Horst Jahnke, Frahmredder 128, 2000 Hamburg 65, Tel. 040/6018047.

Hessischer Rugby-Verband, Vorsitzender Dr. Klaus Crößmann, Antoniusstraße 27, 6000 Frankfurt/Main 50, Tel. 069/586210.

Niedersächsischer Rugby-Verband, Vorsitzender Horst Vietgen, Lilienthalstr. 14, 3000 Hannover 1, Tel. 0511/674990.

Rugby-Verband Nordrhein-Westfalen, Vorsitzender Josef Heibel, Asternweg 86, 5024 Pulheim, Tel. 02238/58537.

Sächsischer Rugby-Verband, Vorsitzender Hans-Günther Otto, Poserstraße 1/33, O-7024 Leipzig, Tel. 003741/476075.

Rugby-Verband Sachsen-Anhalt, Vorsitzender Horst Lentge, Breiter Weg 21, O-3101 Gerwisch.

Anschrift des Deutschen Rugby-Verbandes

Geschäftsstelle im Bundesleistungszentrum Nord
Geschäftsführer Volker Himmer
Jugendsekretär Carsten Segert
Ferdinand-Wilhelm-Fricke-Weg 2A
3000 Hannover 1
Tel. 0511/14763; Fax 0511/1610206.

Deutsches Rugby-Journal

Das Deutsche Rugby-Journal ist das amtliche Organ des Deutschen Rugby-Verbandes. Die Zeitschrift erscheint elfmal pro Jahr und wird bei Schroeder-Druck, Gehrdener Straße 3 in 3007 Gehrden-Leveste (Tel. 05108/7294) verlegt. Die Redaktion ist in der DRV-Geschäftsstelle.

Im Porträt: Hermann Meister

Der neunte Präsident des Deutschen Rugby-Verbandes, der 1890 in Heidelberg geborene Hermann Meister, hat diesen Sport in Deutschland am nachhaltigsten geprägt und seine Verbreitung systematisch vorangetrieben. Hermann Meister spielte Rugby schon als Gymnasiast und zu einer Zeit, als mancher gestrenge Schuldirektor eine derartige sportliche Betätigung noch mit Arrest »belohnte«. Kurz nach der Jahrhundertwende entdeckte der Pennäler den ovalen Ball, der ihn ein Leben lang beschäftigen sollte.

Nach dem Ersten Weltkrieg, von 1919 bis 1925, stellte Her-

Hermann Meister, Verleger, Schriftsteller, Kunstfreund, Vorsitzender der RG Heidelberg und des Deutschen Rugby-Verbandes sowie Mitbegründer der Fédération Internationale de Rugby Amateur (FIRA).

mann Meister sich ganz in den Dienst der Rudergesellschaft Heidelberg. Der Schriftsteller und Inhaber des damals sehr renommierten Verlages Hermann Meister war Leiter der RGH-Rugby-Abteilung und gründete 1920 die Deutsche Rugby-Zeitung (DRZ), die er bis zur erzwungenen Stillegung durch das Nazi-Regime (1943) und dann wieder von 1949 bis zu seinem Tode am 8. August 1956 in seinem Verlag produzierte und auch selbst redigierte.

1931 wurde Hermann Meister zum Präsidenten des Deutschen Rugby-Verbandes gewählt und hatte dieses Amt bis 1947 inne. Allerdings, so erinnert sich sein Sohn, der Klaviervirtuose Professor Konrad Meister, »war von 1944 an und auch in den ersten Nachkriegsjahren ein normaler Spielbetrieb allenfalls auf lokaler Ebene möglich. Da größere Projekte zunächst nicht zu verwirklichen waren, baute

mein Vater den Süddeutschen Rugby-Verband auf und
knüpfte sogar unter den politisch und materiell äußerst be-
engten Verhältnissen bereits wieder erste internationale
Kontakte, zum Beispiel zu Italien.«
Den Süddeutschen Rugby-Verband führte Hermann Meister
bis zum Jahre 1950, in dem er auf dem Deutschen Rugby-
Tag zu Hannover zum ersten Ehrenpräsidenten des Deutschen Rugby-Verbandes gewählt wurde. Damit würdigte der
DRV auch Hermann Meisters Wirken auf der internationalen Ebene des Rugbysports. Denn der Heidelberger zählte
am 2. Januar 1934 in Paris zu den Mitbegründern der Fédération Internationale de Rugby Amateur (FIRA) und wurde
zu deren erstem Vizepräsidenten gewählt.
»Sein Verdient war es, in einer politisch äußerst schwierigen, oft unerfreulichen Epoche wenigstens auf dem Gebiet
des Rugbysports und entgegen dem schon damals unver-
kennbar zum Krieg hinführenden aggressiven Zeitgeist ein
gutnachbarliches Verhältnis zwischen Deutschland und
Frankreich erhalten zu haben. Die persönliche Freundschaft
zu Robert Debon, einem der führenden Funktionäre im französischen Rugby, half dabei«, berichtet Professor Konrad
Meister von den Intentionen seines Vaters, der für seine Haltung von der französischen Regierung – als Deutscher! – mit
einer »Medaille d'honneur« ausgezeichnet wurde.
Nach seiner Wahl zum DRV-Ehrenpräsidenten beendete
Hermann Meister seine langjährige aktive Tätigkeit für den
Rugbysport und stellte seine organisatorischen Fähigkeiten
in den letzten Lebensjahren in den Dienst kultureller Aufgaben. Als begeisterter Musikfreund – die Talente des Sohnes
und des Enkels Rudolf sind wohl kein Zufall – baute Hermann Meister die »Gesellschaft der Musik- und Kunstfreun-
de Heidelberg« zu einem überregional geachteten Konzert-
unternehmen aus, das heute noch besteht.
Hermann Meister hat auf ganz verschiedenen Gebieten, die
man häufig für unvereinbar hält, eine reiche und vielseitige
Tätigkeit ausgeübt: Als Journalist, als Autor feinsinniger No-
vellen, als Verleger, als aktiver Sportler und als umsichtiger,
dabei stets idealistisch eingestellter Organisator des Sports.

Rugby
international

Die beiden Weltverbände

Der International Rugby Football Board (IRFB) wurde bei einer Konferenz in Manchester gebildet, an der am 5. Dezember 1887 Repräsentanten der Rugby-Verbände von England, Schottland und Wales teilnahmen. Wenig später trat Irland dem IRFB bei, der seither als mächtigste und einflußreichste Organisation des Weltrugbys alle wichtigen Entscheidungen trifft. Seit 1948 gehören dem IRFB Australien, Neuseeland und Südafrika und seit 1978 auch Frankreich als vollwertige, stimmberechtigte Mitglieder an. Alle anderen Rugby spielenden Nationen sind in den letzten vier Jahren dem Weltverband beigetreten, haben aber vorläufig nur eingeschränkte Rechte.

Das Komitee der acht Rugby-Großmächte – fünf von der nördlichen und drei von der südlichen Hemisphäre – bestimmt über Form und Inhalt der Spielregeln, überwacht deren Einhaltung, teilt die Schiedsrichter für sämtliche offiziellen Länderspiele ein und ist Veranstalter der Weltmeisterschaften sowie sämtlicher Qualifikationen hierzu. Nach den außerordentlich erfolgreich und gewinnbringend verlaufenen ersten beiden Weltmeisterschaften im Fünfzehner-Rugby plant der IRFB für 1993 auch erstmals ein Weltmeisterschaftsturnier im Siebener-Rugby.

Der IRFB wacht streng über die Einhaltung des Amateurstatuts, doch erhoben in den letzten Jahren immer häufiger prominente Spieler in Großbritannien, Neuseeland und Australien ihre Stimme, um für ihren großen Aufwand an Zeit materielle Entschädigung zu fordern. Im Vorfeld der 2. Weltmeisterschaft 1991 verweigerten beispielsweise Spieler der englischen Nationalmannschaft Fernseh-Interviews, um dagegen zu demonstrieren, daß die TV-Anstalten mit Werbespots um die Rugbyspiele herum Millionenbeträge einnehmen, während sie selbst als die Protagonisten dieser Sendungen völlig leer ausgehen.

Immerhin hat der IRFB gestattet, daß auf den Trikots der Nationalmannschaften Werbung betrieben werden darf – bei allen Spielen außer denen der Weltmeisterschaft. Obwohl sich die Australier als einziges Team nicht mit dieser Regelung zufrieden gaben, erhielten sie nach ihrem Endspielsieg den WM-Pokal, was als Eingeständnis des IRFB gewertet wird, daß es das Komitee mit dem Amateurgedanken nicht mehr so genau nehmen möchte.

Der Deutsche Rugby-Verband wurde 1988 in den IRFB aufgenommen und beteiligt sich seither an allen internationalen Meisterschaften von Rang.

Die Fédération Internationale de Rugby Amateur (FIRA) wurde am 2. Januar 1934 in Paris auf Betreiben der Fédération Française de Rugby (FFR) und des Deutschen Rugby-Verbandes gegründet und ist ein seither stets unter französischer Dominanz stehender Weltverband, der bis Ende 1986 in Opposition zum IRFB stand.

Nachdem Frankreich im Jahre 1932 durch den IRFB vom internationalen Spielverkehr ausgeschlossen worden war, weil führende südfranzösische Klubs aus der FFR ausgetreten waren und die separatistische Union Française de Rugby Amateur (UFRA) gebildet hatten, welche paneuropäisches Gedankengut leitete und jedem Europäer unbegrenztes Spielrecht in französischen Klubs gewähren wollte, solidarisierten sich die Deutschen, aber auch Katalanien, die Niederlande, Italien, Portugal, Rumänien, Schweden und die Tschechoslowakei mit den Franzosen und waren natürlich froh, unter dem Dach der FIRA endlich in internationalen Spielverkehr treten zu können. Die IRFB-Mitglieder spielten ja nur untereinander und kümmerten sich nicht um die kleinen Rugby-Nationen...

Erster Präsident der FIRA wurde der Franzose Roger Dantou, erster Vizepräsident der Heidelberger Verleger und Kunstfreund Hermann Meister, der dieses hohe Amt bis 1939 bekleidete.

In der Zwischenzeit sind der FIRA weitere 34 Nationen beigetreten: Andorra, Barbados, Belgien, Bulgarien, Chile, Taiwan, Dänemark, Spanien, Finnland, die Vereinigten Staaten von Amerika, Hongkong, Israel, die Elfenbeinküste, Kenia, Luxemburg, Madagaskar, Marokko, Mexiko, Mauritius, Paraguay, Norwegen, Nigeria, Polen, Uganda, die Salomon-Inseln, West-Samoa, der Senegal, die Seychellen, die Schweiz, Tansania, Tunesien, die Staaten der GUS, Argentinien und das ehemalige Jugoslawien.

Hochrangige Vertreter des deutschen Rugbysports hatten es angesichts der französischen Übermacht in allen Entscheidungsgremien der FIRA stets schwer, mit ihren bescheidenen Neuerungsvorschlägen durchzudringen, doch ist es einigen von ihnen immerhin gelungen, die Wertschätzung der Delegierten anderer kleinerer Rugby-Nationen zu gewinnen und sich in hohe Ämter wählen zu lassen. Fritz Bösche (TSV Victoria Linden, 1956), Heinz Reinhold (SV 1908 Ricklingen, 1971–1974), Hans Baumgärtner (Sportclub Neuenheim, 1974–1989) und Klaus Wesch (TSV Victoria Linden, 1990) waren weitere Vizepräsidenten der FIRA.

Die internationalen Meisterschaften

Das Fünf-Nationen-Turnier

Der älteste und traditionsreichste Wettbewerb des Weltrugbys ist zweifellos das im Jahre 1910 zum ersten Male ausgetragene Fünf-Nationen-Turnier zwischen den vier Home-Countries England, Schottland, Wales und Irland sowie den Franzosen. Das Turnier, das auf den Britischen Inseln einfach »International championship« genannt wird, elektrisiert alljährlich im Januar, Februar und März die Rugby-Fans, wenn an fünf Samstagen im zweiwöchigen Rhythmus die zehn Turnierspiele nach dem einfachen Modus jeder gegen jeden ausgetragen werden.

Beim Fünf-Nationen-Turnier geht es um nicht weniger als vier Titel – und das in jedem Jahr:

Um den *Grand Slam,* den jene Nationalmannschaft gewinnt, die in allen vier Spielen siegreich bleibt;

um den *Turniersieg* für das Team, das am Ende die Tabelle anführt;

um die *Triple Crown,* die unter den vier britischen Nationalmannschaften ausgespielt wird und von dem Team gewonnen wird, das die drei anderen schlagen kann;

und um den *Calcutta-Cup,* der 1906 von König George V, dem Kaiser von Indien, dem damaligen Sieger des Spieles zwischen England und Schottland gestiftet worden war.

Bisher wurde das Fünf-Nationen-Turnier 62mal ausgetragen. Von 1915 bis 1919 (wegen des Ersten Weltkrieges) und von 1932 bis 1946 (wegen des Ausschlusses der Franzosen und des Zweiten Weltkrieges) ruhte der Spielverkehr.

Nur im Jahre 1972 blieb das Turnier ohne Wertung, weil beide Heimspiele der irischen Nationalmannschaft aufgrund von Bombendrohungen der Irisch-Republikanischen Armee abgesagt werden mußten, und 1973 waren alle fünf Teams nach jeweils zwei Siegen und zwei Niederlagen punktgleich.

Bei den 62 Austragungen gab es 77 Sieger. 49mal gewann ein Land alleine, neunmal standen zwei Mannschaften an der Spitze, und zweimal (1920 und 1954) gab es sogar drei Sieger.

Erfolgreichstes Land ist Wales mit 21 Titeln vor England mit 20 Siegen, Frankreich mit 17 Erfolgen, Irland, das elfmal gewann, und Schottland, das immer eine gute Rolle spielte, meistens das Zünglein an der Waage war, aber nur achtmal triumphieren durfte.

Die meisten Grand-Slam-Siege freilich durften die Engländer feiern. Sie gewannen den prestigeträchtigen Titel neunmal: 1913, 1914, 1921, 1923, 1924, 1928, 1957, 1980 und 1991. Sechs Grand-Slam-Titel gingen an Wales, das 1911, 1950, 1952, 1971, 1976 und 1978 über alle anderen triumphierte. Die Franzosen durften fünfmal feiern: 1968, 1977,

1981, 1987 und 1988. Zweimal (1925 und 1984) gewannen die Schotten ohne jeglichen Punktverlust, und einmal – 1948 – das kleine Irland, das eine ganz große Rugby-Nation ist.

Wer die gespannten Verhältnisse zwischen Engländern und Iren, Engländern und Schotten, Engländern und Walisern kennt und um die Animosität zwischen Briten und Franzosen weiß, der ahnt, daß Rugbyspiele zwischen diesen Nationalmannschaften nicht nur sportliche Ereignisse sind, sondern daß sich dabei auch jede Menge Nationalgefühl entlädt.

Klar ist: Die Spiele des Fünf-Nationen-Turniers sind immer zwei Jahre zuvor bereits restlos ausverkauft, sie werden vom Fernsehen fast um die ganze Welt übertragen, und sie werden in der einmaligen Atmosphäre der Stadien von Twickenham, Edinburgh, Cardiff, Dublin und Paris ausgetragen. Noch nie kam es dabei zu Publikumsausschreitungen; die Regeln des Fair play werden nicht nur von den Spielern, sondern auch von den Zuschauern geachtet, deren Emotionen sich allein in markerschütternden Schlachtgesängen entladen und in gemeinsamen Siegesfeiern, nicht im Handgemenge mit anderen Zuschauern oder der Polizei, deren Aufgabe es bei Fünf-Nationen-Turnier-Spielen allenfalls ist, den Autoverkehr vor den Stadien zu regeln oder »Blitzer« einzufangen, die während der Spiele aufs Feld rennen und sich im Adamskostüm zur Schau stellen. Nach dem Schlußpfiff darf übrigens jeder aufs Feld und seine Helden feiern, denn bisher trennen keine Zäune die Zuschauer von den Spielern. Hoffentlich bleibt das noch lange so, denn Rugbyspieler wollen »Sportler zum Anfassen« sein und bleiben!

Die FIRA-Meisterschaft

Seit 1973 veranstaltet die Fédération Internationale de Rugby Amateur eine Meisterschaft für Nationalmannschaften, an der sich von Anfang an auch der Deutsche Rugby-Verband beteiligte. Dieser Wettbewerb hat den großen Nachteil, daß die in der FIRA federführenden Franzosen den Austragungsmodus oft änderten, so daß selbst Kenner der Szene oft nicht genau wissen, nach welchem Schema gerade gespielt wird.

Zur Zeit erstreckt sich eine Saison der FIRA-Meisterschaft über zwei Jahre. In der Gruppe A spielen Frankreich, die GUS, Rumänien, Italien und Marokko um den Titel. Die Gruppe B ist in zwei Vierer-Gruppen aufgeteilt. In der Gruppe B I spielen Tunesien, Spanien, die CSFR und Portugal, in der Gruppe B II neben Deutschland die Niederlande, Belgien und Polen. Die beiden Gruppensieger (nach Hin- und Rückspielen) ermitteln in zwei Spielen gegeneinander den Aufsteiger in die A-Gruppe. In der Gruppe C tummeln sich Bulgarien, Luxemburg, Andorra, die Schweiz, Schweden und das ehemalige Jugoslawien, dessen Nationalmannschaft sich allerdings Ende Oktober 1991 aufgelöst hat.

Die besten Spieler aus Kroatien und Bosnien tingelten anläßlich der Weltmeisterschaft 1991 unter dem Namen »Rugby for peace XV« durch England, mußten hohe Niederlagen einstecken und versuchten anschließend bei englischen Vereinen unterzukommen, um zu Hause nicht in den Bruderkrieg ziehen zu müssen. Erfreulicherweise zeigten sich die Engländer sehr hilfsbereit und nahmen die asylsuchenden jugoslawischen Spieler in ihren Reihen auf.

Rekordgewinner der FIRA-Meisterschaft, die hierzulande aufgrund der Tatsache, daß fast nur kontinentaleuropäische Nationen daran teilnehmen, auch »Europameisterschaft« genannt wird, ist Frankreich mit zehn Titeln. Die Franzosen, die nur zu den Spielen gegen Rumänien mit ihrer besten Fünfzehn antreten, ansonsten diesen Wettbewerb aber als ernsthaften Test für ihre Talente betrachten, gewannen 1974, 1976, 1978, 1979, 1980, 1982, 1984, 1985, 1987 und 1989. Rumänien, das auf dem Kontinent eindeutig die zweite Rugby-Macht ist, gelang es fünfmal, die Franzosen zu besiegen. 1975, 1977, 1981, 1983 und 1990 feierten die Rumänen die FIRA-Meisterschaft, wobei ihr letzter Sieg sehr überraschte. Nicht weniger als fünf rumänische Nationalspieler hatten im Revolutionsjahr 1990 ihr Leben gelassen, und dennoch war die Nationalmannschaft stark genug, um in Agen gegen Frankreich zu gewinnen.

Die deutsche Nationalmannschaft spielte in der FIRA-Meisterschaft zumeist in der B-Gruppe, gehörte aber von 1981 bis 1983 auch schon einmal der A-Gruppe an. Platz vier im Jahre 1982 war die beste Plazierung, die das DRV-Team bisher erreichen konnte.

Die Abschlußtabellen der FIRA-Meisterschaften und die deutschen Plazierungen:

1974: 1. Frankreich, 2. Rumänien, 3. Spanien;
      8. Deutschland.
1975: 1. Rumänien, 2. Frankreich, 3. Italien;
      8. Deutschland.
1976: 1. Frankreich, 2. Italien, 3. Rumänien;
      9. Deutschland.
1977: 1. Rumänien, 2. Frankreich, 3. Italien;
      9. Deutschland.
1978: 1. Frankreich, 2. Rumänien, 3. Spanien;
      10. Deutschland.
1979: 1. Frankreich, 2. Rumänien, 3. UdSSR;
      9. Deutschland.
1980: 1. Frankreich, 2. Rumänien, 3. Italien;
      10. Deutschland.
1981: 1. Rumänien, 2. Frankreich, 3. UdSSR;
      7. Deutschland.
1982: 1. Frankreich, 2. Italien, 3. Rumänien,
      4. Deutschland und UdSSR.
1983: 1. Rumänien, 2. Italien, 3. UdSSR;
      6. Deutschland.
1984: 1. Frankreich, 2. Rumänien, 3. Italien;
      14. Deutschland.
1985: 1. Frankreich, 2. UdSSR, 3. Italien;
      11. Deutschland.
1987: 1. Frankreich, 2. UdSSR, 3. Rumänien;
      10. Deutschland.
1989: 1. Frankreich, 2. UdSSR, 3. Rumänien;
      13. Deutschland.
1990: 1. Rumänien, 2. Frankreich, 3. Italien;
      10. Deutschland.

Die FIRA-Meisterschaft der Junioren

Die »Europameisterschaft« der Junioren (bis 19 Jahre) ist fünf Jahre älter als der Wettbewerb der aktiven Mannschaften und wurde zwischen dem 2. und 6. April 1969 im katalanischen Barcelona zum erstenmal ausgetragen. Seither findet der FIRA-Cup, wie diese Meisterschaft kurz genannt wird, in jedem Jahr in der Woche vor Ostern statt, und die wachsende Anzahl der teilnehmenden Nationen signalisiert die große Beliebtheit dieses weltweit bedeutendsten Junioren-Wettbewerbs, an dem sich die deutsche Nationalmannschaft mit zumeist gutem Erfolg beteiligt. Obwohl das deutsche Nachwuchsrugby nicht gerade mit einer großen Anzahl international erstklassiger Spieler gesegnet ist, gelingt es den Trainern immer wieder, eine kampfstarke Mannschaft zusammenzustellen, die 1983 in Casablanca und 1984 in Warschau sogar zweimal auf den vierten Platz vordringen konnte.

Rekord-Gewinner des Junioren-FIRA-Cups ist Frankreich mit 16 Titeln, doch spielen auch die Argentinier seit ihrem ersten Auftreten 1987 in West-Berlin eine dominierende Rolle und gewannen bereits viermal den Pokal. Rumänien erreichte zweimal, Italien einmal den ersten Platz.

Die Abschlußtabellen der FIRA-Junioren-Meisterschaften und die deutschen Plazierungen:

1969 (Barcelona): 1. Frankreich, 2. Marokko, 3. Rumänien –
ohne deutsche Beteiligung.
1970 (Vichy): 1. Frankreich, 2. Spanien, 3. Italien;
6. Deutschland.
1971 (Casablanca): 1. Frankreich, 2. Italien, 3. Rumänien;
6. Deutschland.
1972 (Rom): 1. Rumänien, 2. Spanien, 3. Frankreich;
7. Deutschland.
1973 (Bukarest): 1. Rumänien, 2. Frankreich, 3. Spanien;
7. Deutschland.
1974 (Heidelberg): 1. Frankreich, 2. Rumänien, 3. Spanien;
5. Deutschland.

1975 (Madrid): 1. Frankreich, 2. Rumänien, 3. Spanien;
 5. Deutschland.
1976 (Albi): 1. Frankreich, 2. Rumänien, 3. Spanien;
 5. Deutschland.
1977 (Hilversum): 1. Frankreich, 2. Italien, 3. Portugal;
 6. Deutschland.
1978 (Parma): 1. Frankreich, 2. Italien, 3. UdSSR;
 6. Deutschland.
1979 (Lissabon): 1. Frankreich, 2. UdSSR, 3. Italien;
 6. Deutschland.
1980 (Tunis): 1. Frankreich, 2. Italien, 3. Spanien;
 8. Deutschland.
1981 (Madrid): 1. Frankreich, 2. Spanien, 3. Italien;
 7. Deutschland.
1982 (Genf): 1. Frankreich, 2. Italien, 3. Spanien;
 6. Deutschland.
1983 (Casablanca): 1. Frankreich, 2. Italien, 3. Spanien,
 4. Deutschland.
1984 (Warschau): 1. Italien, 2. Frankreich, 3. Spanien,
 4. Deutschland.
1985 (Brüssel): 1. Frankreich, 2. Italien, 3. Rumänien;
 6. Deutschland.
1986 (Bukarest): 1. Frankreich, 2. Italien, 3. Rumänien;
 6. Deutschland.
1987 (West-Berlin): 1. Argentinien, 2. Frankreich, 3. UdSSR.
1988 (Makarska): 1. Frankreich, 2. UdSSR, 3. Italien;
 8. Deutschland.
1989 (Porto): 1. Argentinien, 2. Frankreich, 3. Italien;
 14. Deutschland.
1990 (Treviso): 1. Argentinien, 2. Frankreich, 3. Italien;
 13. Deutschland.
1991 (Toulouse): 1. Argentinien, 2. Frankreich, 3. UdSSR;
 11. Deutschland.

Die Olympischen Spiele

Dreimal – 1900 in Paris, 1920 in Antwerpen und 1924 in
Paris – stand Rugby auf dem Programm Olympischer Som-

merspiele. Baron Pierre de Coubertin, der am 1. Januar 1863 in Paris zur Welt gekommen war und 1894 in Athen die ersten Olympischen Spiele der Neuzeit gegründet und organisiert hatte, war ein begeisterter Rugbyspieler und international anerkannter Rugby-Schiedsrichter, der sich sehr für sein Lieblingsspiel einsetzte. Doch nachdem de Coubertin 1925 seine Präsidentschaft im Internationalen Olympischen Komitee (IOC) beendet hatte und der International Rugby Football Board wenig Bereitschaft zur verantwortlichen Organisation olympischer Rugby-Turniere zeigte, wurde die Sportart kurzerhand aus dem olympischen Programm gestrichen.

Im Oktober 1900 fanden die ersten olympischen Rugbyspiele zeitgleich mit der Weltausstellung in der Seine-Metropole statt, wobei sich nicht mehr als drei Nationen am Wettkampf um olympisches Edelmetall beteiligten – und diese entsandten auch keine Nationalmannschaften, sondern die besten Vereinsteams ihres Landes. Für Frankreich spielte eine Kombination aus dem Racing Club de France Paris und Stade Français mit Kapitän Jean Olivier, der als der beste Rugbyspieler seiner Zeit gilt. Deutschland entsandte den Sportclub 1880 Frankfurt, aus England kam der Moseley Football Club, der aber nicht seine beste Fünfzehn zusammenbrachte, Spieler anderer Vereine »ausleihen« mußte und sich deshalb »Moseley Wanderers« nannte.

Erster Olympiasieger wurde Frankreich, das Deutschland mit 27:17 schlug und gegen England vor 5200 Zuschauern mit 27:8 gewann. Silber ging an die Frankfurter, Bronze an die Engländer.

Nicht viel mehr ist von den zweiten olympischen Rugbyspielen anläßlich der Olympiade 1920 in Antwerpen überliefert. Weil es in der belgischen Hafenstadt kein geeignetes Stadion gab, wurden die Rugbyspiele im Stadion von Colombes in Paris ausgetragen, wo am 10. Oktober 1920 Frankreich die Goldmedaille durch einen 14:5-Sieg über die Vereinigten Staaten von Amerika (Silber) gewann.

Vier Jahre später, am 4. bis 18. Mai 1924, wurden die dritten olympischen Rugbyspiele erneut in Paris ausgetragen. Diesmal erwiesen sich die Amerikaner als die überragende Mannschaft, die durch ein 37:0 über Rumänien und ein völlig überraschendes 17:3 über Frankreich Olympiasieger wurden. Im Kampf um die Silbermedaille fertigten die Franzosen mit ihren Superstars Adolphe Jaureguy (31 Länderspiele), André Behoteguy (19 Länderspiele) und René Lasserre (15 Länderspiele) die Rumänen mit 59:3 ab.

Der »ewige« olympische Medaillenspiegel:

1. Frankreich (2× Gold/1× Silber)
2. USA (1× Gold/1× Silber)
3. Deutschland (1× Silber),
4. England und Rumänien (je 1× Silber).

Die Weltmeisterschaften

– Neuseeland/Australien 1987

Mitte 1985 entschlossen sich die im International Rugby Football Board organisierten Rugby-Verbände zur Durchführung einer Weltmeisterschaft, die alle vier Jahre veranstaltet werden sollte. Neuseeland und Australien wurden beauftragt, den ersten World Cup im Mai und Juni 1987 auszurichten, für den die sieben IRFB-Verbände England, Schottland, Wales, Irland, Frankreich, Neuseeland sowie Australien und weitere neun Nationen eingeladen wurden. Das wegen seiner Rassenpolitik vom internationalen Sport ausgeschlossene Südafrika und viele kleinere Rugby-Nationen wurden nicht berücksichtigt, obwohl sie rechtzeitig Interesse an einer Teilnahme bekundet hatten und nach einer abschlägigen IRFB-Entscheidung laut protestierten. Man wolle, hieß es damals aus der IRFB-Zentrale in London, erst einmal abwarten, wie die Spieler und das Publikum den neuen Wettbewerb akzeptierten.

Um es vorweg zu nehmen: Der erste World Cup wurde zu einem einzigartigen sportlichen Spektakel und einem riesigen finanziellen Gewinn für den IRFB und alle am World Cup beteiligten Länder. Das Fernsehen übertrug viele Spiele weltweit und live, und die Veranstaltung wurde von der Londoner Agentur West-Nally außerordentlich professionell und gewinnbringend vermarktet. Die werbende Wirtschaft hat den Rugbysport entdeckt, war die zweitwichtigste Feststellung nach dem Turnier der 16 weltbesten Mannschaften, die – und das war noch wichtiger – mit großem Enthusiasmus um den Weltmeistertitel gekämpft hatten und eine regelmäßige Wiederholung dieser Meisterschaft forderten.

Das Eröffnungsspiel der ersten WM fand am 22. Mai 1987 im Eden Park zu Auckland auf der neuseeländischen Nordinsel statt. 20 000 verdutzte Zuschauer sahen den 70:6-Sieg einer jungen, erstmals in dieser Besetzung zusammenspielenden neuseeländischen Mannschaft gegen Italien – und ahnten trotz des deutlichen Erfolges noch nicht, daß ihre »All Blacks« kurz vor dem größten Triumph in der neuseeländischen Sport-Geschichte standen.

Kein halbes Jahr vor WM-Beginn waren neuseeländische Nationalspieler und der Nationaltrainer Colin Meads ohne Erlaubnis ihres Verbandes und ihrer Regierung zum Rugbyspielen nach Südafrika geflogen, womit sie den internationalen Sportboykott gegen die Kap-Republik durchbrachen. Auf Verlangen der neuseeländischen Regierung und des IRFB mußte die New Zealand Rugby Union daraufhin alle Südafrika-»Urlauber« sperren und von der Teilnahme an der WM ausschließen.

Aus dem Kreis der Weltmeisterschaftsfavoriten schienen die »Kiwis« damit ausgeschieden, denn solchen jungen Burschen wie John Gallagher, Grant Fox oder Michael Jones, die gegen die »Azurri« ihr internationales Debüt gaben, oder wie Wayne Shelford (mit damals gerade zwei Länderspielen) und dem gerade zehnmal erprobten Kapitän David Kirk trauten vor allem die Konkurrenten aus Australien, Großbritannien und Frankreich keine großen Sprünge zu. Sie sollten sich noch die Augen reiben vor Verwunderung!

Denn nicht nur bis zum Ende der Weltmeisterschaft, sondern bis zum Sommer 1990 verloren die »All Blacks« kein Länderspiel mehr und erwarben sich den Ruf, die beste Mannschaft aller Zeiten zu sein. Daß sie es tatsächlich waren, beweisen schon die Ergebnisse bei der Weltmeisterschaft.

Dem 70:6 über Italien folgte ein 74:13 gegen die Nachbarn von den Fidschi-Inseln und ein 46:15 gegen Argentinien. Damit waren die Neuseeländer haushoher Sieger der Gruppe 3 mit 190:36 Spielpunkten; vor Fidschi, das ebenfalls den Sprung ins Viertelfinale schaffte.

In der Gruppe 1 setzten sich Australien und England durch, in der Gruppe 2 Wales und Irland und in der Gruppe 4 Frankreich und Schottland. Die USA, Japan, Kanada, Tonga, Italien, Argentinien, Rumänien und Zimbabwe mußten nach der Vorrunde nach Hause fliegen.

Im Viertelfinale erteilten die jungen Neuseeländer den kampfstarken Schotten mit 30:3 eine empfindliche Lektion; Australien besiegte Irland mit 33:15, Frankreich schlug in einem mitreißenden Spiel die schnellen Fidschi-Insulaner mit 31:16, und als vierte Mannschaft qualifizierte sich Wales durch einen 16:3-Sieg über England für das Halbfinale. Die Engländer, »Erfinder« des Spiels und Initiatoren des World Cup, waren nicht unter den besten vier Teams – ein Schock, der heilsame Folgen haben sollte...

Beide Halbfinalspiele wurden in Australien ausgetragen. Im Concord Oval von Sydney mußten 17 800 Zuschauer miterleben, wie ihr Team in letzter Sekunde mit 24:30 gegen Frankreich unterlag. Serge Blanco legte in der 80. Spielminute einen Versuch im Alleingang über das ganze Feld, und Didier Cambérabéro erhöhte von ganz außen – die »Aussies« waren draußen.

Kein Problem war es hingegen für die Neuseeländer, sich vor 25 000 Zuschauern im Ballymore Oval von Brisbane mit 49:6 gegen Wales durchzusetzen. Es war eine der peinlichsten Niederlagen der Waliser in ihrer glorreichen Länderspiel-Geschichte. Immerhin gelang es ihnen, vier Tage später im Rotorua International Stadium die Australier im Spiel um Platz drei mit 22:21 zu schlagen und sich ein wenig zu rehabilitieren.

Die im Durchschnitt gerade 24,2 Jahre alte Mannschaft von Neuseeland aber setzte ihren Triumphzug fort und wurde

am 20. Juni 1987 vor 48 035 Zuschauern im Eden Park zu
Auckland der erste Weltmeister der Rugby-Geschichte. Die
tapferen Franzosen um Kapitän Daniel Dubroca hatten beim
29:9-Sieg der »All Blacks« keine Chance, kämpften aber bis
zum Schluß gegen eine in allen Belangen überlegene Mannschaft aufopferungsvoll.

Der Weltmeister legte drei Versuche durch Michael Jones in
der 17. Minute, David Kirk in der 63. Minute und John Kirwan in der 66. Minute und kam zu einer Erhöhung, vier
Straftritten und einem Sprungtritt durch Grant Fox. Frankreich legte einen Versuch durch Pierre Berbizier in der
Schlußminute; Didier Cambérabéro trat die Erhöhung und
einen Straftritt zwischen die Stangen.

Neuseeland spielte mit: John Gallagher (Wellington) – John
Kirwan (Auckland), Joe Stanley (Auckland), Warwick Taylor
(Canterbury), Craig Green (Canterbury) – Grant Fox (Auck-
land), David Kirk (Auckland, Kapitän) – Michael Jones
(Auckland), Wayne Shelford (North Harbour), Alan Whetton
(Auckland) – Gary Whetton (Auckland), Murray Pierce
(Wellington) – John Drake (Auckland), Sean Fitzpatrick
(Auckland), Steve McDowell (Auckland). Trainer war Brian
Lochore.

– Großbritannien und Frankreich 1991

Unmittelbar nach der World-Cup-Premiere entschied der
IRFB, sich für sämtliche Rugby-Verbände der Welt zu öffnen
und allen daran interessierten Nationalmannschaften die
Teilnahme am zweiten Turnier im Oktober 1991 zu ermöglichen. Ein regelrechter Run auf den IRFB setzte ein, der sich
der schwierigen organisatorischen Aufgabe jedoch vollkom-
men gewachsen zeigte und zwischen 1989 und 1991 ein
Turnier auf die Beine stellte, das keinen Vergleich mit Weltmeisterschaften im Fußball, Handball, Eishockey oder Basketball zu scheuen braucht.

In allen fünf Erdteilen wurden Qualifikationsspiele oder
Qualifikationsturniere ausgetragen, an denen sich etwa 80
Nationalmannschaften beteiligten. Besonders groß war der
Andrang in Europa, Afrika und Asien – und inzwischen ist

Stolze Weltmeister: Die australischen Rugbyspieler Nick Farr-Jones
(links im Bild) und David Campese präsentieren den William-Webb-
Ellis-Cup.

bekannt, daß 1995 beim dritten World Cup in Südafrika
auch wesentlich mehr Teams aus Amerika und Ozeanien
teilnehmen möchten.
Wie 1987 wurde das Endturnier der 16 weltbesten Mannschaften auch 1991 in verschiedenen Ländern ausgetragen.
Die Gruppe 1 mit Titelverteidiger Neuseeland, England, Italien und den USA trug ihre Spiele in England aus; die Gruppe 2 mit Schottland, Irland, Japan und Zimbabwe spielte in
Schottland, Irland und Nordirland; die Gruppe 3 mit Wales,
West-Samoa (dem einzigen Neuling im Konzert der ganz
Großen), Argentinien und Australien lieferte sich in Wales
spannende Spiele; und die Gruppe 4 mit Frankreich, Fi-

dschi, Rumänien und Kanada lockte die Zuschauermassen in Frankreich in die zum Großteil neu errichteten Stadien. Weltmeisterschaftsspiele wurden in 18 Städten Großbritanniens und Frankreichs ausgetragen, und zur großen Überraschung des Organisatoren-Teams um Chairman Russell Thomas aus Neuseeland und Turnier-Direktor Ray Williams aus London waren die Stadien zumeist bereits ein Jahr vor dem ersten Anpfiff restlos ausverkauft. Lediglich beim eigentlich überflüssigen Spiel um Platz drei in Cardiff und bei einigen weniger attraktiven Vorrundenspielen wurden Eintrittskarten noch am Tag des Spiels an den Kassenhäuschen offeriert.

Besonders in Großbritannien kannte die Rugby-Begeisterung im Oktober 1991 kaum noch Grenzen, und je besser die englische Nationalmannschaft auf sportlichem Terrain zurecht kam, desto mehr verbreitete sich der »Rugby-Bazillus« in den Nachrichten-Sendungen der BBC und privater Fernseh- und Rundfunk-Sender und auf den Seiten der Zeitungen. Die angesehene Londoner »Times« etwa kam am Tage des Eröffnungsspiels mit einer 16seitigen World-Cup-Sonderbeilage heraus, mit der die Geschäftsleute, Banker und Börsianer auf das bedeutendste Sportereignis auf britischem Boden seit der Fußball-Weltmeisterschaft 1966 eingestimmt wurden. ITV (mit dem deutschen Partner »Sportkanal«) übertrug alle WM-Spiele live in aller Herren Länder; gerade in Deutschland halfen diese Fernsehsendungen mit fachgerechten deutschen Kommentaren sehr, das Rugbyspiel populär zu machen – und das, obwohl die deutsche Mannschaft in der Qualifikation gegen die Niederlande ausgeschieden war.

Diese zweite Weltmeisterschaft bewies, daß die Leistungsunterschiede zwischen den noch 1987 haushoch überlegenen IRFB-Gründern und den sogenannten »Junior Nations« wesentlich geringer geworden sind. Italiener, Kanadier, US-Amerikaner und vor allem die ungeheuer selbstbewußt auftrumpfenden West-Samoaner sind heute durchaus in der Lage, die besten zehn Nationalmannschaften zu besiegen. Der World Cup 1991 war auch deshalb so interessant, weil es eine ganze Reihe unerwarteter Favoritenstürze gab.

Gestürzt sind zum Beispiel die »Roten Drachen« aus Wales, wobei die 13:16-Niederlage im Arms Park National Stadium von Cardiff gegen West-Samoa und das Ausscheiden nach der Vorrunde noch weitaus demütigender waren als das 6:49 von 1987 gegen Neuseeland. »Wales badet in seinen eigenen Tränen«, titelte das freche Boulevardblatt »Sun« in London. Wer den Schaden hat, braucht sich um den Spott nicht zu sorgen...

Das Eröffnungsspiel in Twickenham sahen am 3. Oktober 1991 nicht weniger als 60500 Zuschauer im Stadion und 120 Millionen Fans an den Fernsehschirmen in aller Welt. Gastgeber England gegen Titelverteidiger und Topfavorit Neuseeland – das wollten sich auch Prinz Andrew, der die Eröffnungsformel sprach, und Prinzessin Anne nicht entgehen lassen. England verlor nach einem großartigen Spiel und heftiger – in den Schlußminuten freilich stark abflauender – Gegenwehr mit 12:18 und schlug damit, wohl absichtlich, einen Weg ein, der die Mannschaft von Manager Geoff Cooke und Trainer Roger Uttley am 2. November nach Twickenham zurückführte: Ins Finale der Weltmeisterschaft gegen das sagenhafte Team der Australier, das im vorherigen Turnierverlauf seine Rolle als Mitfavorit vollauf bestätigt hatte. Bereits in den Vorrunden gab es harte und spannende Auseinandersetzungen, wobei nicht unerwähnt bleiben soll, daß die Schiedsrichter während der gesamten 32 Weltmeisterschaftsspiele nur zwei Spieler des Feldes verweisen mußten.

In der Gruppe 1 setzte sich Neuseeland vor England, den sehr beachtlich auftrumpfenden Italienern und den kampfstarken US-Amerikanern durch; in der Gruppe 2 entschied Schottland das Spiel um den Gruppensieg mit 24:15 gegen Irland für sich. Auf den Plätzen folgten Japan und Zimbabwe, das sich wohl für längere Zeit aus dem Kreis der 16 besten Teams verabschiedete; in der Gruppe 3 hatte Australien überhaupt keine Mühe, gegen Argentinien mit 32:19 und gegen Wales mit 38:3 zu gewinnen. Sehr schwer fiel den »Wallabies« um Kapitän Nick Farr-Jones nur ihr 9:3-Sieg über West-Samoa, das ins Viertelfinale vordrang; in der

Gruppe 4 wurde Frankreich mit einiger Mühe (19:13) Gruppensieger vor den mit einem vorzüglichen Sturm ausgestat-
teten Kanadiern, während Rumänien und Fidschi keine gute
Rolle spielten.

Die Viertelfinalspiele gerieten zum Besten, was der Rugbysport zu bieten hat. In Edinburgh entzauberte Schottland das
Team aus West-Samoa mit 28:6, wobei den Südsee-Insula-
nern mit ihren dreizehn Spielern aus der höchsten neuseeländischen Division bescheinigt werden muß, daß sie wesentlich besser spielten, als es das Ergebnis glauben machen
könnte. Das Team um Pat Lam vom Marist Club Auckland
spielte neben den wieselflinken Japanern das offenste,
schnellste und damit schönste Rugby. Doch die Schotten
hatten die zweckmäßiger agierende und erfahrenere Mannschaft.

Das härteste und von vielen Regelverstößen durchsetzte
Spiel der WM fand im Prinzenpark zu Paris zwischen Frankreich und England statt. Die Franzosen, sportlich klar unterlegen, wehrten sich auf oft brutale Weise, wurden vom neuseeländischen Schiedsrichter David Bishop hart bestraft und
von den klar besseren Engländern mit 19:10 besiegt – ein
unrühmliches Ausscheiden für den Vize-Weltmeister von
1987, der mit Serge Blanco, Philippe Sella und Franck Mes-
nel immerhin noch drei ganz große Persönlichkeiten des
Weltrugbys in seinen Reihen hatte.

Im Stade du Nord von Lille ging der Traum Kanadas vom
WM-Halbfinale zu Ende. Nach großem Spiel und noch be-
eindruckenderem Kampf mußten sich die harten Burschen
aus Vancouver, Victoria und Toronto um Kapitän Glenn En-
nis dem Titelverteidiger Neuseeland mit 13:29 beugen –
und wieder spielten die »All Blacks« nicht so überzeugend
wie in den vier Jahren zuvor.

Wer am gleichen Tag die grandiose Vorstellung Australiens
beim 19:18-Sieg in Dublin gegen die sagenhaft kämpfende
irische Mannschaft miterlebt hatte, wußte, daß es im Halbfinale zwischen Neuseeland und Australien eine Woche später an der Lansdowne Road von Dublin zum Sturz des am-
tierenden Weltmeisters kommen könnte. Die Selbstsicher-

Die australischen »Wallabies« feiern ihren WM-Triumph in den Katakomben von Twickenham. Simon Poidevin, Phil Kearns und Michael
Lynagh (von links) lassen sich das Bier schmecken.

heit, mit der die Australier ein eigentlich bereits verlorenes
Spiel im Stadion ihres bisher härtesten Widersachers noch
aus dem Feuer rissen, ließ erahnen: Aus diesem Holz werden Weltmeister geschnitzt.
Nach den Halbfinals herrschte in Neuseeland und Schottland dann tatsächlich »Staatstrauer«. Die Schotten hatten
auf ihrem Murrayfield und in Anwesenheit von Princess Anne, der Herzogin von Edinburgh, gegen die im Schlußspurt
etwas besseren Engländer mit 6:9 verloren — ganz England
stand kopf! Und die »All Blacks« mußten in Dublin beim
6:16 die eindeutige Überlegenheit der Australier anerkennen, die nie in Gefahr gerieten, dieses Spiel zu verlieren.
Der von David Campese virtuos herausgespielte Versuch
von Tim Horan, der Australiens Triumph vollendete, gehört
zum schönsten, was es im Rugby jemals zu beklatschen gab.
Twickenham, 2. November 1991, 14.30 Uhr: Traumfinale
zwischen Gastgeber England und Australien. Wie 1987 eine
Auseinandersetzung zwischen Mannschaften aus der nördli-

chen und südlichen Hemisphäre, wie 1987 der Vergleich zweier völlig unterschiedlicher Spielstile. 60500 Zuschauer vergaßen die vorwinterliche Kälte – sie sahen das beste Spiel aller Zeiten.

Nachdem Elizabeth II, Premierminister John Major sowie die Königskinder Anne und Andrew die beiden Endspielmannschaften mit Handschlag begrüßt hatten, lieferten sich die beiden völlig offensiv eingestellten Mannschaften einen bis zum Schlußpfiff spannenden Fight, den Australien glücklich, aber durchaus nicht unverdient, mit 12:6 gewann. Ein Stürmerversuch von Anthony Daly, eine Erhöhung und zwei Straftritte von Michael Lynagh gegen zwei Straftritte von Jonathan Webb, das war das zählbare Resultat eines WM-Finales, das alle Augenzeugen niemals vergessen werden.

Daß ausgerechnet das wichtigste Spiel in der 169jährigen Geschichte dieser Sportart auch das faszinierendste und schönste war, ist sicherlich die beste Werbung für Rugby gewesen. Die Queen jedenfalls klatschte vergnügt Beifall und überreichte den William-Webb-Ellis-Cup freundlich lächelnd an Australiens Kapitän Nick Farr-Jones. Wie 1987 der Neuseeländer David Kirk führte ein kleiner Mann, der Gedrängehalb eben, eine große Mannschaft zum Weltmeister-Titel.

Die Engländer gratulierten höflich und nahmen die Niederlage nicht weiter krumm. Sie waren stolz auf ihr Team um den 24jährigen Kapitän Will Carling, der mit seinen Mitstreitern die Scharte von 1987 ausgewetzt hatte.

Australien spielte mit: Marty Roebuck (Eastwood) – David Campese (Randwick), Jason Little (Souths and Queensland), Timothy Horan (Souths and Queensland), Robert Egerton (Sydney University) – Michael Lynagh (Queensland University), Nick Farr-Jones (Sydney University, Kapitän) – Willie Ofahengaue (Manly), Troy Coker (Western Districts), Simon Poidevin (Randwick) – John Eales (Brothers and Queensland), Roderick McCall (Brothers and Queensland) – Anthony Daly (Eastern Suburbs), Phil Kearns (Randwick), Ewan McKenzie (Randwick). Trainer war Robert S. F. Dwyer.

Im Porträt: Serge Blanco

Als die französische Nationalmannschaft am späten Nachmittag des 19. Oktober 1991, einem stürmischen, unwirtlichen Tag, im Viertelfinale der Weltmeisterschaft gegen England mit 10:19 verloren hatte, stand vor allem ein Verlierer im Mittelpunkt des Medien-Interesses: In den düsteren Katakomben des Pariser Prinzenparks gab Serge Blanco seine letzte Pressekonferenz.

Bestritt 93 Länderspiele für Frankreich: Serge Blanco aus Biarritz, Rekord-Nationalspieler der Welt, der – wie kein Schlußmann vor ihm – das Angriffsspiel liebte.

Der Schlußmann des »XV de France«, geboren am 31. August 1958 in Caracas in Venezuela als Sohn eines Polizeikommissars, der seine junge Frau mit dem Buben sitzen ließ, zog Bilanz nach einer einzigartigen Karriere, die 1975 begonnen hatte.

Im Alter von zwei Jahren war der kleine Serge mit seiner Mutter, »der ich alles verdanke« (Blanco), auf Anraten einer befreundeten Familie nach Südfrankreich gekommen. In Biarritz, der Rugby-Hauptstadt des Baskenlandes, spielte er auf der Straße, fand Freunde, die ihn mit zu »BO« – Biarritz Olympique – schleiften, und er wurde der beste Rugbyspieler der Welt.

Mit 17 spielte er bei »BO« in der ersten Mannschaft, mit 19 war er der Star der Junioren-Europameisterschaft im italienischen Parma, und am 8. November 1980 trug er, gerade 22, in Pretoria gegen Südafrika zum ersten Male das blaue Trikot der Equipe Tricolore. Als Schlußmann und 15:37-Verlierer vor 55 000 Zuschauern.

Zwischen jenem 8. November 1980 und dem so traurigen 19. Oktober 1991 liegen 93 Länderspiele, die Serge Blanco, Rekord-Nationalspieler der Welt, für Frankreich bestritten hat. Hinzu kommen rund 20 Spiele in internationalen Auswahlmannschaften – und immer war Blanco der gefeierte Star, zuletzt sogar der charismatische Kapitän seines Landes, in dem Rugbyspieler vom Schlage eines Serge Blanco nicht nur geachtet, sondern bewundert werden.

Oft ist Serge, Frankreichs erster farbiger Sportler von Weltgeltung, mit dem Fußballstar Michel Platini verglichen worden. Die beiden verbindet neben einer engen Freundschaft auch die Art und Weise, wie sie ihren Sport ausübten. »Ich habe Rugby, mein Spiel, immer als etwas Künstlerisches begriffen, als eine Möglichkeit, mein Ich auszudrücken. Natürlich wollte ich immer, jedes Spiel, gewinnen. Aber ich wollte den Menschen, den Zuschauern, meinen Mitspielern und mir mit meinem Spiel auch immer eine Freude bereiten«, sagt Serge Blanco, der nicht nur wegen seiner für lange Zeit unerreichbaren Zahl von Länderspielen Rugby-Geschichte geschrieben hat.

Blanco, Verwalter einer Freizeitanlage im heimischen Biarritz, Vater zweier Söhne, ist so etwas wie ein freundlicher Revolutionär des Rugbyspiels. Ein Spieler jedenfalls, der immer versucht hat, neue Wege zu finden, Wagnisse einzugehen.

Vor Blanco war der Schlußmann als Spieler durchaus mit dem Torwart im Fußball zu vergleichen. Man stand im Rückraum der eigenen Mannschaft herum, fing gegnerische Kicks ab und drosch die Bälle ins Seitenaus. Manchmal, wenn man gar nicht darum herumkam, mußte man auch einen durchgelaufenen Gegner fassen. Das war's dann schon.

Serge Blanco machte das alles auch. Ein bißchen eleganter, schneller und vielleicht auch ein bißchen sicherer als seine Vorgänger zwar, aber wenn er sich damit begnügt hätte, die klassischen Aufgaben eines Schlußmannes zu erfüllen, wäre er wahrscheinlich nie zum Heros Südfrankreichs geworden. Denn dort akzeptiert man die Verteidigungsspieler, doch huldigt den Angreifern. Die Versuche-Leger werden gefeiert, ihre Namen prangen in dicken Lettern auf den Sportseiten der Zeitungen des »Midi«.

Serge Blanco hat zahllose Versuche verhindert und 79 Länderspiel-Punkte durch Kicks erzielt (22 Straftritte, 5 Erhöhungen und einen Sprungtritt). Seine 38 Versuche aber sind für einen Schlußmann phänomenal, waren lange Weltrekord und wurden erst während der Weltmeisterschaft von dem australischen Wundersprinter David Campese, einem Außendreiviertel, übertroffen.

Mit seinen unnachahmlichen Sprints und Übersteigern, seinen gefühlvollen Hebern, die er oft selbst erlief, und mit seinem unerschöpflichen Ideenreichtum hat sich Serge Blanco in die Herzen der Fans gespielt. Nicht nur in Frankreich fragen sich viele, wie es ohne ihn weitergehen soll.

Daß Serge Blanco aus dem Rugby-Geschehen nicht verschwinden wird, ist klar. »BO« wird noch viel Freude an ihm haben, und am Tag seines Abschieds deutete er an, vielleicht eines Tages wiederkommen zu wollen. In den Fußstapfen seines Freundes Michel Platini: als Nationaltrainer.

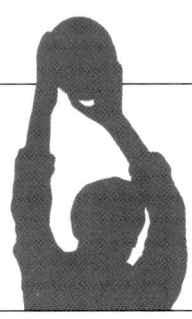

Die besten
Teams der Welt

Die neuseeländischen »All Blacks«

Wie der Name »All Blacks« schon sagt, sind die National-spieler der am 27. April 1893 in Wellington gegründeten New Zealand Rugby Union von den Schultern bis zu den Sohlen völlig schwarz gekleidet. Aber es ist nicht nur ihr furchterregendes Outfit, was den »All Blacks« ihren legen-dären Ruf einbrachte: Mit über 900 Siegen in knapp über 1000 Länderspielen sind sie die bei weitem erfolgreichste Nationalmannschaft der Welt.

1905 unternahmen die Neuseeländer ihre erste Länderspiel-reise nach Übersee, gewannen in Edinburgh (Inverleith) ge-gen Schottland mit 12:7, an der Lansdowne Road von Dub-lin gegen Irland mit 15:0 und im Londoner Crystal Palace gegen England ebenfalls mit 15:0. Im Cardiff Arms Park frei-lich mußten sie beim 0:3 die Überlegenheit von Wales aner-kennen. Am 1. Januar 1906 – zum Abschluß ihrer ersten Schnupper-Reise – gewannen die »All Blacks« im alten Prin-zenpark von Paris gegen Frankreich sogar mit 38:8. Fortan besuchten sie häufig Europa.

Ihre längste Tournee unternahmen die »All Blacks«, die stets eine große Anzahl von Maoris (neuseeländischen Eingebo-renen) in ihren Reihen hatten, im Jahre 1924. Wieder waren Großbritannien und Frankreich das Ziel, und die sportliche Bilanz beeindruckt: Von 31 Spielen zwischen Anfang Sep-tember und Ende Dezember 1924 gewannen sie 30 mit ei-nem Gesamt-Spielpunktekonto von 721:112. Lediglich dem Swansea RFC in Wales gelang ein Erfolg über die »All Blacks«, die 1987 im eigenen Land erster Weltmeister wurden und 1991 im Cardiff Arms Park durch einen 12:6-Sieg über Schottland die Bronzemedaille der zweiten WM gewannen.

Rekord-Nationalspieler Neuseelands ist der am 21. Januar 1963 geborene Zweite-Reihe-Stürmer Gary Whetton aus Auckland mit 57 Länderspielen. Whetton gab seinen Einstand im »All Black«-Team 1981 gegen Südafrika und überflügelte Neuseelands Rugby-Heros Colin Meads (55 Länderspiele) während der WM 1991 als Rekordhalter.

Meads, den in Neuseeland jedes Kind unter dem Spitznamen »The Pinetree« (die Pinie) kennt, war von 1957 bis 1971 als Stürmer der Extraklasse international aktiv und ist in Großbritannien besonders für seinen feinen Humor bekannt. Anläßlich eines Spieles der »All Blacks« gegen die »British Lions« ist Colin Meads einmal von einem Reporter gefragt worden, vor wem er denn im Streitfalle mehr Respekt habe: »Vor einem englischen oder einem Waliser Gegner?«

Volksheld in Neuseeland: der kleine Gedrängehalb Sid Going. Er trug zwischen 1967 und 1977 29mal das »All Black«-Trikot und ist heute als außerordentlich erfolgreicher Trainer in Auckland tätig.

– »Angst habe ich vor niemandem«, antwortete Meads, »aber ich würde erst den Waliser und dann den Engländer umhauen«, fügte er hinzu. Darauf verlangte der erstaunte Reporter eine Erklärung, und Meads erläuterte, bis über beide Ohren grinsend: »Erst die Arbeit, dann das Vergnügen!«

Die australischen »Wallabies«

»Wallaby« ist in der australischen Eingeborenensprache das Wort für ein kleines Känguruh, dessen Fell besonders begehrt ist.

»Wallaby« ist auch die Bezeichnung für einen australischen Rugby-Nationalspieler, der es gar nicht mag, wenn ihm das Fell über die Ohren gezogen wird.

Bereits 1829, nur sechs Jahre nach der »Erfindung« des Spiels durch William Webb Ellis wurde in Australien Rugby gespielt, und die Mannschaft der Sydney University, die

Michael Lynagh sammelte weit über 600 Punkte für die australischen »Wallabies« und ist damit der erfolgreichste Rugby-Punktesammler der Welt.

1864 ihren Spielbetrieb aufnahm, ist die älteste außerhalb Großbritanniens.

Ihr erstes Länderspiel gewannen die »Wallabies« am 24. Juni 1899 mit 13:3 gegen Großbritannien, und am 2. November 1991 wurden sie in Twickenham Weltmeister durch einen 12:6-Sieg über England.

Australiens Rekord-Nationalspieler ist der am 21. Oktober 1962 in Queanbeyan in Neusüdwales geborene, italienischstämmige Außendreiviertel David Ian Campese. »Campo«, der bisher 63mal für sein Land im Einsatz war, ist spätestens seit der Weltmeisterschaft in Großbritannien der Superstar des Weltrugbys. Der schnellste und technisch perfekteste Flügelrenner aller Zeiten hatte wesentlichen Anteil am Titelgewinn der »Wallabies«, und seine Rekordliste weist inzwischen 46 Länderspiel-Versuche auf – eine Marke, die in diesem Jahrhundert nicht übertroffen werden wird.

Nicht weniger prominent als Campese sind freilich auch die beiden seit 36 Länderspielen Seite an Seite wirkenden Halbspieler Nick Farr-Jones und Michael Lynagh, der vornehmlich mit seinen Kicks weit über 600 Punkte in bisher 53 Länderspielen erzielte. Auch das ist ein Rekord für die Ewigkeit.

Die südafrikanischen »Springboks«

Rugby war in Südafrika schon immer eine Staatsangelegenheit, denn als die Springböcke, wie die Nationalspieler vom Kap der Guten Hoffnung genannt werden, 1891 ihr erstes Länderspiel gegen die britische Auswahl bestritten, war der Premierminister Cecil Rhodes ihr größter Fan. Der Eroberer Rhodesiens (heute: Zimbabwe) schickte 1906 eine »Springbok«-Mannschaft nach Großbritannien, die 25 ihrer 28 Spiele gewann. Auch danach haben die »Springboks« weitaus die meisten ihrer Länderspiele gewonnen.

Seit 1981 trat die südafrikanische Nationalmannschaft aufgrund des internationalen Sportboykotts gegen die Verfechter der Rassentrennungspolitik zu keinem Länderspiel mehr an, doch gilt es als sicher, daß die »Springboks« 1992 ihren Platz an der Spitze des Weltrugbys zurückerobern werden.

Denn der IRFB hat den Bann von den »Springboks« genommen, die sich vorbildlich für die Integration schwarzer und farbiger Sportler in ihren Verband eingesetzt haben und nun dafür belohnt werden sollen. So war der achtfache Nationalspieler Errol Tobias zwischen 1980 und 1984 Südafrikas erster schwarzer »Springbok«.

Daß die Südafrikaner noch immer eine ungeheure Spielstärke haben, beweisen ihre Spitzenspieler, die sich in den Mannschaften der Topklubs in Italien und Frankreich verdingen.

Rekordhalter der »Springboks« ist »Frik« du Preez. Der Flanker von Nord-Transvaal bestritt 38 Länderspiele zwischen 1960 und 1971.

Die »British Lions«

Die britischen Löwen bilden die Nationalspieler-Auswahl der vier Home Countries England, Schottland, Irland und Wales und sind folglich die »Nationalmannschaft« Großbritanniens. Die »Lions« mit ihren roten Trikots (für Wales), weißen Hosen (für England) und blauen Stutzen (für Schottland) mit grünen Bündchen (für Irland) bestritten ihr erstes Spiel am 30. Juli 1891 im Crusader Ground von Port Elizabeth gegen Südafrika und gewannen mit 4:0. Sie feierten ihren höchsten Sieg 1966 in Brisbane gegen Australien (31:0) und erlitten ihre höchste Niederlage 1983 in Auckland gegen Neuseeland (6:38). Überhaupt treten sie nie zu Hause in Großbritannien, sondern immer nur in Übersee auf, wobei das Spiel am 4. Oktober 1989 in Paris gegen Frankreich (29:27 für die Lions und aus Anlaß der 200-Jahrfeier der Französischen Revolution) schon als Ausflug nach Übersee gelten darf.

Meistberufener Spieler der »British Lions« ist der irische Zweite-Reihe-Hüne Willie John McBride, der zwischen 1962 und 1974 nicht weniger als 17mal mit den »Lions« auf Tournee gegangen war. Meistberufener Außendreiviertel ist der Ire Tony O'Reilly (acht Tourneen zwischen 1955 und 1959), inzwischen Generaldirektor des Ketchup-Herstellers

Heinz in den USA und Hauptsponsor der 2. Weltmeister-schaft in Großbritannien. Alte Liebe rostet also auch im Rugby nicht…

Der Barbarians RFC

Daß es in Großbritannien Leute mit seltsamen Einfällen gibt, ist weithin bekannt. Eine zumindest sehr merkwürdige Idee hatten Anfang 1948 in Cardiff auch einige Gentlemen aus Rugbykreisen, die einen Klub gründeten, den sie Barbarians Rugby Football Club nannten und mit (ganz merkwürdigen) Satzungen ausstatteten. Obwohl dieser Klub kein Klubhaus, keinen Sportplatz und erst recht kein großes Stadion besitzt, wurde er zum berühmtesten Rugby-Klub der Welt. Denn die Einladungsmannschaften des Barbarians RFC spielen nur zwei- oder dreimal im Jahr zu ganz besonderen Anlässen und meistens nur gegen Nationalmannschaften.

Ziel des Barbarians RFC ist es, das Rugbyspiel in seiner ganzen Schönheit und Pracht zu demonstrieren und dabei weniger auf das Spielergebnis als vielmehr darauf zu achten, daß die Zuschauer in den großen Stadien, in denen die »Barbarians« zu Gast sind, auf ihre Kosten kommen. Dabei liegt der Gedanke nahe, das Team der »Barbarians« könne sich – wie die Mannschaft der Harlem Globetrotters im Basketball etwa – aus abgetakelten Altstars zusammensetzen, die Rugby als Klamauk anbieten. Doch weit gefehlt: Für die »Barbarians« werden vom stets nur auf ein Jahr gewählten BRFC-Präsidenten die stärksten Rugbyspieler Großbritanniens eingeladen, wobei zu jedem Spiel auch bis zu drei nicht-britische Spieler gebeten werden können, und ein Spieler nominiert werden muß, der noch nie für sein Land gespielt hat.

Die »Barbarians«, das sind also 14 Nationalspieler und ein bärenstarker Nicht-Nationalspieler, und wie beim Gründungsspiel am 31. Januar 1948 in Cardiff die Australier (9:6 für die »Babas«), so mußten sich die großen Nationalmannschaften aus aller Welt schon häufig den Barbarians beugen, die – eine weitere Eigenheit – ihre Spiele nur auf britischem Boden austragen.

Wie gesagt: Manchmal haben Briten die abenteuerlichsten Ideen. Aber manchmal wird aus einer solchen Idee eine richtig tolle Sache.

Wer sich mal ein Spiel der »Barbarians« ansieht, wird im Nu verstehen, was Rugby alles sein kann:

— »Ein Spiel für Rowdies, gespielt von Gentlemen«, meinte etwa der englische Lord Wavell Wakefield.
— »Ein Krieg ohne Haß. Eine Schlacht ohne Leichen«, meinte der australische Nationalspieler und Journalist Peter Fitzsimons.
— »Der einzige Mannschaftssport, in dem sich die Menschen näher kommen. Bei allen anderen gehen sie aneinander vorbei«, meinte der französische Nationalspieler Lucien Mias.

Sie alle haben recht.

Quellennachweis

Zur Erstellung dieses Buches dienten mir die folgenden Bücher als Nachschlagewerke:

Deutsches Rugby-Jahrbuch, Jahrgänge 1935 und 1990, Schroeder-Verlag, Gehrden-Leveste.

Prof. Dr. Günter Erbach (Hrsg.), Körperkultur und Sport, VEB Bibliographisches Institut, Leipzig.

Prof. Heinz Müller/Claus-Peter Bach, Rugby zum Kennen- und Spielenlernen (in *Sportpraxis* 6/85, 3/86 und 4/86), Limpert-Verlag, Bad Homburg.

Chris Rhys, The Rugby Records, Guinness-Verlag, Enfield.